国家出版基金项目
NATIONAL PUBLICATION FOUNDATION

U0600733

中国近代
思想家文库

◎

唐仕春 编

师复卷

中国人民大学出版社
·北京·

总 序

对于近代的理解，虽不见得所有人都是一致的，但总的说来，对于近代这个词所涵的基本意义，人们还是有共识的。一个国家、一个民族走入近代，就意味着以工业化为主导的经济取代了以地主经济、领主经济或自然经济为主导的中世纪的经济形态，也还意味着，它不再是孤立的或是封闭与半封闭的，而是以某种形式加入到世界总的发展进程。尤其重要的是，它以某种形式的民主制度取代君主专制或其他不同形式的专制制度。中国是个幅员广大、人口众多、历史悠久的多民族国家，由于长期历史发展是自成一体的，与外界的交往比较有限，其生产方式的代谢迟缓了一些。如果说，世界的近代是从 17 世纪开始的，那么中国的近代则是从 19 世纪中期才开始的。现在国内学界比较一致的认识，是把 1840 年到 1949 年视为中国的近代。

中国的近代起始的标志是 1840 年的鸦片战争。原来相对封闭的国门被拥有近代种种优势的英帝国以军舰、大炮再加上种种卑鄙的欺诈打开了。从此，中国不情愿地加入到世界秩序中，沦为半殖民地。原来独立的大一统的中央集权的君主专制国家，如今独立已经极大地被限制，大一统也逐渐残缺不全，中央集权因列强的侵夺也不完全名实相符了。后来因太平天国运动，地方军政势力崛起，形成内轻外重的形势，也使中央集权被弱化。经历第二次鸦片战争、中法战争、甲午战争、八国联军入侵的战争以及辛亥革命后的多次内外战争，直至日本全面侵略中国的战争，致使中国的经济、政治、教育、文化，都无法顺利走上近代发展的轨道。古今之间，新旧之间，中外之间，混杂、矛盾、冲突。总之，鸦片战争后的中国，既未能成为近代国家，更不能维持原有的统治秩序。而外患内忧咄咄逼人，人们都有某种程度"国将不国"的忧虑。

"天下兴亡，匹夫有责"，读书明理的士大夫，或今所谓知识分子，尤为敏感，在空前的危机与挑战面前，皆思有所献替。于是发生种种救亡图存的思想与主张。有的从所能见及的西方国家发展的经验中借鉴某些东西，形成自己的改革方案；有的从历史回忆中拾取某些智慧，形成某种民族复兴的设想；有的则力图把西方的和中国所固有的一些东西加以调和或结合，形成某种救亡图强的主张。这些方案、设想、主张，从世界上"最先进的"，到"最落后的"，几乎样样都有。就提出这些方案、设想、主张者的初衷而言，绝大多数都含着几分救国的意愿。其先进与落后，是否可行，能否成功，尽可充分讨论，但可不必过为诛心之论。显而易见，既然救国的问题最为紧迫，人们所心营目注者自然是种种与救国的方案直接相关的思想学说，而作为产生这些学说的更基础性的理论，及其他各种知识、思想，则关注者少。

围绕着救国、强国的大议题，知识精英们参考世界上种种思想学说，加以研究、选择，认为其中比较适用的思想学说，拿来向国人宣传，并赢得一部分人的认可。于是互相推引，互相激励，更加发挥，演而成潮。在近代中国，曾经得到比较广泛的传播的思想学说，或者够得上思潮的，主要有以下几种：

（一）进化论。近代西方思想较早被引介到中国，而又发生绝大影响的，要属进化论。中国人逐渐相信，进化是宇宙之铁则，不进化就必遭淘汰。以此思想警醒国人，颇曾有助于振作民族精神。但随后不久，社会达尔文主义伴随而来，不免发生一些负面的影响。人们对进化的了解，也存在某些片面性，有时把进化理解为一条简单的直线。辩证法思想帮助人们形成内容更丰富和更加符合实际的发展观念，减少或避免片面性的进化观念的某些负面影响。

（二）民族主义。中国古代的民族主义思想，其核心是"非我族类，其心必异"，所以最重"华夷之辨"。鸦片战争前后一段时期，中国人的民族思想，大体仍是如此。后来渐渐认识到"今之夷狄，非古之夷狄"，"西人治国有法度，不得以古旧之夷狄视之"。但当时中国正遭受西方列强的侵略和掠夺，追求民族独立是民族主义之第一义。20世纪初，中国知识精英开始有了"中华民族"的概念。于是，渐渐形成以建立近代民族国家为核心的近代民族主义。结束清朝君主专制，创立中华民国，是这一思想的初步实现。第一次世界大战爆发，中国加入"协约国"，第一次以主动的姿态参与世界事务，接着俄国十月革命爆发，这两件事对近代中国的发展历程造成绝大影响。同时也将中国人的民族主义提升到一个新的层次，即与国际主义（或世界主义）发生紧密联系。也可以说，中国人更加自觉地用世界的眼光来观察中国的问题。新生的中国共产党和改组后的国民党都是如此。民族主义成为中国的知识精英用来应对近代中国所面临的种种危机和种种挑战的一个重要的思想武器。

（三）社会主义。社会主义作为一种模糊的理想是早在古代就有的，而且不论东方和西方都曾有过。但作为近代思潮，它是于19世纪在批判近代资本主义的基础上产生的。起初仍带有空想的性质，直到马克思和恩格斯才创立起科学社会主义。20世纪初期，社会主义开始传入中国。当时的传播者不太了解科学社会主义与以往的社会主义学说的本质区别。有一部分人，明显地受到无政府主义的强烈影响，更远离科学社会主义。直到五四新文化运动兴起之后，中国人始较严格地引介、宣传科学社会主义。但有一段时间，无政府主义仍是一股很大的思想潮流。中国共产党的成立，从思想上说，是战胜无政府主义的结果。中国共产党把在中国实现社会主义乃至共产主义作为自己的奋斗目标。此后，社会主义者，多次同各种非科学社会主义思想的信仰者进行论争并不断克服种种非科学社会主义思想的影响。

（四）自由主义。自由主义也是从清末就被介绍到中国来，只是信从者一直寥寥。直到五四新文化运动兴起，具有欧美教育背景的知识精英的数量渐渐多起来，自由主义始渐渐形成一股思想潮流。自由主义强调个性解放、意志自由和自己承担责任，在政治上反对一切专制主义。在中国的社会条件下，自由主义缺乏社会基础。在政治激烈动荡的时候，自由主义者很难凝聚成一股有组织的力量；在稍稍平和的时候，他们往往更多沉浸在自己的专业中。所以，在中国近代史上，自由主义不曾有，也不可能有大的作为。

（五）激进主义与保守主义。处于转型期的社会，旧的东西尚未完全退出舞台，新的东西也还未能巩固地树立起来，新旧冲突往往要持续很长的时间，有时甚至达到很激烈的程度。凡助推新东西成长的，人们便视为进步的；凡帮助旧东西排斥新东西的，人们便视为保守的。其实，与保守主义对应的，应是进步主义；与顽固主义相对的则应是激进主义。不过在通常话语环境中人们不太严格加以区分。中国历史悠久，特别是君主专制制度持续两千余年，旧东西积累异常丰富，社会转型极其不易。而世界的发展却进步甚速。中国的一部分精英分子往往特别急切地想改造中国社会，总想找出最厉害的手段，选一条最捷近的路，以最快的速度实现全盘改造。这类思想、主张及其采取的行动，皆属激进主义。在中共党史上，它表现为"左"倾或极左的机会主义。从极端的激进主义到极端的顽固主义，中间有着各种程度的进步与保守的流派。社会的稳定，或社会和平改革的成功，都依赖有一个实力雄厚的中间力量。但因种种原因，中国社会的中间力量一直未能成长到足够的程度。进步主义与保守主义，以及激进主义与顽固主义，不断进行斗争，而实际所获进步不大。

（六）革命与和平改革。中国近代史上，革命运动与和平改革运动交替进行，有时又是平行发展。两者的宗旨都是为改变原有的君主专制制度而代之以某种形式的近代民主制度。有很长一个时期，有两种错误的观念，一是把革命理解为仅仅是指以暴力取得政权的行动，二是与此相关联，把暴力革命与和平改革对立起来，认为革命是推动历史进步的，而改革是维护旧有统治秩序的。这两种论调既无理论根据，也不合历史实际。凡是有助于改变君主专制制度的探索，无论暴力的或和平的改革都是应予肯定的。

中国近代揭幕之时，西方列强正在疯狂地侵略与掠夺殖民地和半殖民地，中国是它们互相争夺的最后一块、也是最大的资源地。而这时的中国，沿袭了两千年的君主专制制度已到了奄奄一息的末日，统治当局腐朽无能，对外不足以御侮，对内不足以言治，其统治的合法性和统治的能力均招致怀疑。革命运动与改革的呼声，以及自发的民变接连不断。国家、民族的命运真的到了千钧一发之际，危机极端紧迫。先觉分子救国之心切，每遇稍具新意义的思想学说便急不可待地学习引介。于是西方思想学说纷纷涌进中国，各阶层、各领域，凡能读书读报者，受其影响，各依其家庭、职业、教育之不同背景而选择自以为不错的一种，接受之，信仰之，传播之。于是西方几百年里相继风行的思想学说，在短时期内纷纷涌进中国。在清末最后的十几年里是这样，五四时期在较高的水准上重复出现这种情况。

这种情况直接造成两个重要的历史现象：一个是中国社会的实际代谢过程（亦即社会转型过程）相对迟缓，而思想的代谢过程却来得格外神速。另一个是在西方原是差不多三百年的历史中渐次出现的各种思想学说，集中在几年或十几年的时间里狂泻而来，人们不及深入研究、审慎抉择，便匆忙引介、传播，引介者、传播者、听闻者，都难免有些消化不良。其实，这种情况在清末，在五四时期，都已有人觉察。我们现在指出这些问题并非苛求前人，而是要引为教训。

同时我们也看到，中国近代思想无比的多样性与复杂性呈现出绚丽多彩的姿态，各种思想持续不断地展开论争，这又构成中国近代思想史的一个突出特点。有些论争为我们留下了非常丰富的思想资料。如兴洋务与反洋务之争，变法与反变法之争，革命与改良之争，共和与立宪之争，东西文化之争，文言与白话之争，新旧伦理之争，科学与人生观之争，中国社会性质的论争，社会史的论争，人权与约法之争，全盘西化与本位文化之争，民主与独裁之争，等等。这些争论都不同程度地关联着一直影响甚至困扰着中国人的几个核心问题，即所谓中西问题、古今问题与心物关系问题。

中国近代思想的光谱虽比较齐全，但各种思想的存在状态及其影响力是很不平衡的。有些思想信从者多，言论著作亦多，且略成系统；有些可能只有很少的人做过介绍或略加研究；有的还可能因种种原因，只存在私人载记中，当时未及面世。然这些思想，其中有很多并不因时间久远而失去其价值。因为就总的情况说，我们还没有完成社会的近代转型，所以先贤们对某些问题的思考，在今天对我们仍有参考借鉴的价值。我们编辑这套《中国近代思想家文库》，希望尽可能全面地、系统地整理出近代中国思想家的思想成果，一则借以保存这份珍贵遗产，再则为研究思想史提供方便，三则为有心于中国思想文化建设者提供参考借鉴的便利。

考虑到中国近代思想的上述诸特点，我们编辑本《文库》时，对于思想家不取太严格的界定，凡在某一学科、某一领域，有其独立思考、提出特别见解和主张者，都尽量收入。虽然其中有些主张与表述有时代和个人的局限，但为反映近代思想发展的轨迹，以供今人参考，我们亦保留其原貌。所以本《文库》实为"中国近代思想集成"。

本《文库》入选的思想家，主要是活跃在 1840 年至 1949 年之间的思想人物。但中共领袖人物，因有较为丰富的研究著述，本《文库》则未收入。

编辑如此规模的《文库》，对象范围的确定，材料的搜集，版本的比勘，体例的斟酌，在在皆非易事。限于我们的水平，容有瑕隙，敬请方家指正。

《中国近代思想家文库》编纂委员会

目　录

导　言

　　1915 年，师复因病逝世，年仅 31 岁。他短暂的一生，仅仅用生命最后阶段不足十年的时间，却做了许多人穷一生之力都不一定能做的事情。师复是同盟会最早成员之一，暗杀活动的组织者与实践者，"心社"的发起人，世界语的传播者，中国无政府主义的"偶像"式人物。变革、动荡的时代成就了师复短暂人生的波澜起伏，师复身上亦折射出那个时代的复杂、激越。

一、波澜起伏的短暂人生

　　师复，原名绍彬，字子麟，学名绍元。1904 年赴日留学时更名为思复，1912 年 7 月与莫纪彭等创立"心社"，制定了属于"个人进德"性质的十二条社约，其中有"不称族姓"一条。从此之后，刘思复不再称自己的姓氏，改名"师复"。①

　　1884 年 6 月 27 日，师复出生于广东香山县石岐镇。刘家是当地的望族，家境殷实，院内有池塘、桥廊、亭榭等建筑，被称为"水楼刘家"。师复之父刘鼎垣，字炳常，是个读书人，维新运动时，创办了香山县第一所学校。曾组织"天足会"，每年都要印赠维新派人士宣传废科举、兴学校、开矿筑路的小册子，被人看作该县第一个新派人物。师复幼时很聪明且能做文章。1899 年，师复应童子试。但他却很看不起举业，独自研究小学及诸子，笔记极多；对于中国古代数学颇有研究。

---

　　① 师复在人生的不同阶段使用过多个名字，在其人生最后阶段，自己最为认可的名字是师复，近代思想史中最为人知的名字也是师复。当时有人与他通信，在其名字之前冠以姓氏，师复马上去信纠正。为了表述方便，本书统一以师复称之。

1901 年，师复参加乡试，但落第。这时，他开始研读谭嗣同的《仁学》，并与同乡友人郑彼岸在石岐镇创立了演说社。由宣传新思想而逐渐走向反满革命。

1904 年，师复与郑彼岸、林君复等经香港赴日本留学。留学期间，与俄、日虚无党人接触，受无政府主义思想影响，向俄国无政府主义者学习制造炸弹的技术。日本著名的无政府主义者幸德秋水主编的《直言报》及其《帝国主义》、《基督抹杀论》、《广长舌》等著作，给他留下深刻的印象。1905 年，师复加入同盟会。同年年底，由日返粤，参加香港《东方报》的编辑工作。

1906 年，在故乡石岐镇创办"隽德女学"，提倡女子教育，并设立"武峰阅报社"，用以销售革命报刊及掩护革命活动。

1907 年初，革命党人准备在潮惠地区发动武装斗争，因师复曾在日本学习过制造炸弹的技术，故安排他到广州暗杀广东水师提督李准。6 月，师复制造炸弹时不慎失事，身受重伤，在治疗过程中被割去了左手，并遭到警吏的拘捕。审讯过程中，师复为掩盖真相伪造供词，被李准的幕僚郑荣识破，送回原籍监禁。1909 年，逢宣统大赦，经香山各界人士联名禀保，师复于 12 月 10 日获释出狱。入狱两年多，经种种刺激及研究，师复思想一变，出狱不久即赴香港，致力研究无政府主义的刊物《新世纪》，宣扬无政府主义。

1910 年 2 月中旬，师复在香港与朱述堂、谢英伯、陈自觉、高剑父、程克等人聚议组织暗杀团，定名"支那暗杀团"。最早成员为师复、朱述堂、谢英伯、陈自觉、高剑父、程克，后来陈炯明、李熙斌、梁倚神、丁湘田（师复之女友）、林冠慈（初名林冠戎）、郑彼岸相继加入，团员共计 12 人，未正式加入而参加暗杀团之活动的，亦有十多人。"支那暗杀团"的章程为师复所起草，以"反抗强权"为宗旨，取单纯破坏之手段。从此之后，师复虽未尝标揭无政府之主张，然已经转变为反抗强权的革命党，而非政治的革命党。且此后皆独立活动，与同盟会亦几无关系。

1911 年，师复参与林冠慈炸伤李准事件和李沛基炸死广州将军凤山事件。林冠慈是暗杀团成员，李沛基炸死凤山的炸弹由师复制造。1911 年武昌起义后，师复在广东参与策动民军的活动。他曾与同志数人北上谋刺摄政王载沣，本在四川湖北革命军未起之前。因暗杀团的一位成员先行，并输运炸弹，不料中途败事，师复等计划更动，故推迟到革命军兴，始得成行。此时强权之魁首已转为袁世凯，故师复等人的刺杀对象改为袁世凯。师复与暗杀团的成员到达上海时，南北议和刚开始，有人劝师复等勿急行。不久议和成功，清朝政府崩溃，革命形势的逆转给师复以很大的刺激，他于1912年春解散了暗杀团。

师复等以为，"可以乘此机会散布社会革命之种子，而单纯破坏转非所亟"。1912年2月，他和莫纪彭、林直勉、郑彼岸等在杭州白云庵集会，酝酿拟定了"个人进德"的一系列条约。心社的社约，就在此时创议。

1912年4月，师复返回广东。该年夏天，师复在广州西关宝源路平民公学设世界语夜校，由法国留学归来的许论博传授世界语，借世界语宣传无政府主义。师复认为，"世界大同当以言语统一为先导"。同年秋天，他们在广州东园建立"广州世界语学会"，国际世界语协会委派许论博、师复为驻广州的正、副代理员。短期内发展会员300多人。师复创办的《晦鸣录》及《民声》周刊为国内最早的世界语刊，蜚声国际，其中《世界语第九次万国大会记事》一文为国内对国际世界语大会最早的报道。世界语为师复无政府主义的宣传和推广起到了非常重要的作用，而师复使世界语在国内的传播也产生积极的影响。

5月，师复在广州西关存善东街八号发起创建了中国第一个无政府主义组织"晦鸣学舍"。晦鸣学舍取"风雨如晦，鸡鸣不已"之意，定位于"平民之机关"。其纲领包括"共产主义；反对军国主义；工团主义；反对宗教主义；反对家族主义；素食主义；语言统一；万国大同"。晦鸣学舍侧重于对外活动，主要任务是传播无政府主义。

7月，师复与彼岸、纪彭等创立"心社"，制定了属于"个人进德"性质的十二条社约，包括不食肉；不饮酒；不吸烟；不乘轿及人力车；不用仆役；不婚姻；不称族姓；不作官吏；不作议员；不入政党；不作海陆军人；不奉宗教。心社侧重对内活动，促成社员精神上的一致，主张以道德救世，并身体力行。

1913年，师复等创办了《晦鸣录》杂志，《晦鸣录》是"民之声"，以"令天下平民生活之幸福"为宗旨。《晦鸣录》出版两期后被广东都督龙济光查禁，于是师复亡命澳门，《晦鸣录》改名《民声》继续出版。由于葡萄牙当局接受了袁世凯和广东省省长的要求，《民声》出版两期后，再度被禁。

1914年，师复被迫赴沪。《民声》迁上海继续印行。同年7月，师复在上海发起成立旨在"传播主义，联络同志"的机构——"无政府共产主义同志社"，为实行社会革命运动作准备。该社设在法租界，以"世界语传习所"为掩护。成立时草拟一宣言，说明无政府主义的意义及无政府党联合的必要，又刊布《无政府共产党之目的与手段》一文。与当时社会主义者江亢虎论战，使无政府主义的种子广布于国内。自《新世纪》发行以后，中国虽然也有怀抱无政府主义思想的人，但是没有国际间的联络。师复编印《民声》以后，在《民声》中特设世界语部，以为言论交通的机关，又和世界各团体对话通讯，交换杂志，讨论问题。1914年8月，师复致书万国无政府党大会，报告中国无政府主义者传播主义的过去及其进行状况，并向大会提议：（1）组织万国机关；（2）组织东亚的传播；（3）与工团联络；（4）万国总罢工；（5）采用世界语。于是中国的无政府主义者始和世界发生关系。1914年8月，上海发生漆业工人大罢工，师复撰《上海漆业罢工风潮感言》，开始把领导工团（工会）的问题提上日程，为后来无政府主义者进行"工人运动"提供理论依据。

1912—1914年间，师复主持编印了《新世纪丛书》、《无政府主义粹言》和《无政府主义名著丛刊》等，发行量达数万册。这些书刊的主要内容是传播无政府主义，特别是以巴枯宁为代表的无政府工团主义和以克鲁泡特金为代表的无政府共产主义，鼓吹绝对平均的无政府共产主义，提倡绝对自由，反对一切强权，反对一切政治和法律，对此后的无政府主义者产生过很大影响。五四时期宣传无政府主义的活跃分子，大多是师复的同伴或受其思想影响的人。

1915年3月27日，师复因肺病逝于上海，葬于西湖烟霞洞旁。

二、清末之新思想

在辛亥革命以前，师复主要从事实际的革命活动，反映他的思想并得以保留下来的作品，大抵写于被囚禁香山监狱的两年。他曾著《粤语解》一书，就古今不同的粤语，考究其本源、流变。又著有《狱中笔记》，更根据狱中的经历，草成《改良监狱议》。还以各种笔名在《香山旬报》发表一些作品，基本内容为要求思想解放，宣传平等观念，批驳康有为等保皇派的"谬论"和儒学，鼓吹反对清廷和立宪派。

师复提倡平等观念，尤其是男女平等。1906年，师复在故乡石岐镇创办"隽德女学",提倡女子教育,此时已经具有使女性平等受教育的想法。1908—1910 年在《香山旬报》等刊物上发表的文字体现了更强的男女平等观。他以篆文"妻"的字形演变为例指出,改其字形作妻,隐欲令为女子者挺出而恢复人权,以期与男子齐等的意思,由此认为,我国先民在创造文字之时,已深知贵男贱女之俗之不合公理,而隐寓其意于六书。他还指出佛初不度女人,成道后,因姨母摩诃波暗波提恳求来出家,佛乃度之;男女并度,而比丘尼、沙弥尼、式叉摩那、优婆夷与比丘、沙弥、优婆塞,同列于七众,由此可知佛教中存在男女平等观。

除了提倡男女平等,师复还反对歧视蛋民、堕民和蓄"疍奴"等等,认为应将之作为野蛮现象消除。他指出,一些地区倡导释放世仆和倡建蛋民学堂标志着民族平等观念之日渐发达。

师复批判了孔教。他指出,当时政俗之败坏,已不可方物,政治则重文法而鲜核实,学术则尚文学而轻实科,风俗则崇奢侈而厌简朴,这源导于姬周,其教则成于孔子。儒教影响于人们道德,其害尤烈。儒家之病本在务虚名、营禄位。师复提出,将六经与儒家分离而破孔教。他把《易》、《论语》、《孟子》等归于哲学部;《书》、《春秋》、《仪礼》等归于历史部;《周官》归于政治部;《诗》、《乐》、《尔雅》等归于文学部的文辞类、音乐类和训诂类。他认为:"经之名既废,孔教之藩篱乃破。学者得各发舒其思想之自由,而不为一家之说所束缚。学术以是而光大,国粹以是而保全。"

值得注意的是,师复之所以反孔,原因之一还在于抨击立宪党人并反对康有为关于孔教的"谬论"。师复认为,立宪党人浮竞无耻,实儒术有以养成。由于专制之政府倡之于上,无识之学者和之于下,康有为之"谬论",一旦死灰复燃,大有燎原之势,因此,他才多次发文批判孔教。

师复以汉族与苗族为中心对民族主义进行了分析,讨论了民族与国土的关系。他还对社会上出现的新事物如新少年、新志士、新社会之人物、新名词、留学生考试等进行了描述和反思,如认为,昔彐之博学弘词科,今日之考试留学生,其浮滥无实等。

师复这一时期思想已经展现了近代中国社会新思潮的某些特征,比如对平等观念、女性解放的倡导,以输入的西方新学说来观察中国,将中国的经史子集纳入西方学术分科等。师复的这些思想不仅反映了清末社会文化的变动，而且有助于理解近代思潮演变的历史脉络。新文化运动时期提倡自由平等，反对孔教等思潮的涌现可以溯源到清末师复等人的思想变动，正是清末新思潮的集聚、发酵才汇聚成新文化运动的大潮。

三、心社社约之讨论

1912 年，师复等创立心社，制定了十二条社约。师复发表了一些讨论社约的文章，包括不吸烟、不饮酒与卫生、素食主义、不用仆役与平等主义、废婚姻主义、废家族主义等。

师复表示，之所以成立心社，是因为风俗败坏、民德堕落而由现社会的伪道德、恶制度造成，因此期望破坏一切伪道德、恶制度，而以公道的真理的新道德、良制度代之。师复对十二条社约阐述如下：

食肉、饮酒、吸烟是人生最粗暴、最污浊之嗜欲，为背乎科学真理之劣嗜好、恶习惯。他常常从科学的角度讨论食肉、饮酒、吸烟之害。他从医学上论述素食主义，指出，经医家考验，肉食品含毒质至多，脑筋肠胃血络诸病，往往因为肉食所致，其中又有传染病的种子，为患尤烈。

用仆役及乘轿乘人力车绝对违背自由平等之公理。不坐轿、不坐人力车，则轿夫、人力车夫将别谋正当生业，恢复其自由之人格。

人无男女，皆有独立之人格。婚姻制度无非强者欺压弱者之具而已。必废绝婚姻制度，实行自由恋爱。要废婚姻，必须破除对伪道德的迷信，而且要让女子经济独立。提倡废婚主义，是为了唤起一般女子的自觉心，急谋养成独立生活的能力，以恢复其本来之人格。

有族姓则有长幼尊卑之名分，长者尊于天，幼者卑于地，蔑视公道，丧失人格。有族姓则有界限，由族界而县界、省界，由县界、省界而国界、种界，小则为乡族之争斗，大则为国际之干戈，戕贼人道，扰乱和平。

政府、官吏、议员、政党都是强权，强权即平民之敌。海陆军是扰乱和平者。

宗教是强权。有强权则不平等，有强权则不自由；人欲平等自由，即当反对宗教。

基于此，师复提倡心社十二条社约：不食肉；不饮酒；不吸烟；不乘轿及人力车；不用仆役；不婚姻；不称族姓；不作官吏；不作议员；不入政党；不作海陆军人；不奉宗教。对于十二条社约，师复躬行实践，不肯丝毫放松。后来当生病很重的时候，医生以其身体虚弱，屡次劝师复食肉以补充营养，但他至死也不肯违背。

四、传播无政府主义

1904 年，师复留学日本期间，已经受到了无政府主义思想的影响，日本无政府主义者幸德秋水的著作给他留下了深刻印象。在香山监狱被囚期间，他阅读了无政府主义刊物《新世纪》，关注无政府主义的传播情况，并与无政府主义人士取得联系，对无政府主义进行了研讨。经种种刺激及研究，师复思想为之一变。出狱后组织暗杀团，虽未尝标揭无政府之主张，但以"反抗强权"为宗旨，已不再是过去那种从事政治斗争的革命党人。

辛亥革命爆发，南北议和达成协议，师复认为当时最急要的并不是从事暗杀等单纯的破坏，而是传播无政府主义，散布社会革命的种子。1912 年，他解散了暗杀团，5 月，在广州西关存善东街八号发起创建了中国第一个无政府主义组织晦鸣学舍。从此，师复由信仰无政府主义变为中国无政府主义最早的积极宣传者和组织者。师复扛起了传播无政府主义的大旗，将无政府主义传播的阵地由国外转移到国内，成为清末和新文化运动之间无政府主义传播的领军人物。

19 世纪晚期，国内一些书报开始零星报道一些无政府主义和俄国虚无党的情况。20 世纪初，马叙伦等人把无政府主义当做一种新思潮进行了介绍。留学东西各国的中国人吸收各国社会主义、无政府主义之思想而转贩于国人，其中影响较大的有《新世纪》、《天义报》和《衡报》。1907 年，在巴黎的李石曾等出版了第一份华文无政府主义报刊《新世纪》（1910 年 5 月停刊）。同时留学日本的张继、刘师培等于东京发起社会主义讲习会，与日本无政府主义者幸德秋水等关系密切。该会不但研究社会主义，同时研究无政府主义。刘师培等于 1907 年 6 月创刊了《天义报》（1908 年 4 月停刊），后又创办了《衡报》（1908 年 10 月停刊）鼓吹无政府主义。不久，刘师培返国而为端方之幕宾，张继也离开东京而到巴黎，于是无政府主义在东京的宣传归于沉寂，而巴黎的《新世纪》遂为宣传无政府主义的独一机关。李石曾等将克鲁泡特金等无政府主义者的著述时时译为华文，又刊发小册子多种。辛亥革命后江亢虎在上海发起"中国社会党"，他部分赞同无政府主义。

清末无政府主义传播中心主要在国外，1912年晦鸣学舍成立后，刊布了众多印刷品，介绍无政府主义学说于内地，一时风气颇为之披靡，国内成为无政府主义传播的中心。1913年夏间，袁世凯解散了"中国社会党"。当时，全国之中，无政府主义的组织仅存晦鸣学舍。张继、吴稚晖等皆中国提倡无政府主义之先进，辛亥革命之后，张继作议员，吴稚晖亦时周旋于国民党间。张继、吴稚晖等与无政府主义党日渐疏离，他们留下的空间中，师复扛起传播无政府主义的大旗左冲右突，其作用更加凸显，形成师复主义。张继、吴稚晖等一度热衷于宣扬无政府主义，却未能够身体力行。师复则不同于这些人，他在转向无政府主义后则是毕生身体力行，生命的最后时刻仍坚持自己的信仰，甚至因贫放弃治病而为无政府主义献出年轻的生命。悲壮的人生、强大的人格魅力无疑有力地促成了师复成为中国无政府主义者的"范本"、"偶像"之一。

在辛亥革命后的两三年间，师复等人所办的刊物——主要是《民声》发表了一系列文章，系统地阐述了他的无政府主义观点和主张。1914年，师复等在上海发起"无政府共产主义同志社"，该社一方面传播无政府主义，一方面联络世界无政府者，还鼓励内地的无政府主义者各就其所在地设立传播机关，为将来组织联合会及实行革命运动做预备。

师复深受欧洲无政府主义的影响。在介绍、阐释欧洲无政府主义的过程中也形成了自己的无政府主义思想，其对无政府主义的看法如下：

无政府主义主张人民完全自由，不受一切统治，反对强权政府。社会主义相对于经济而言，无政府主义则相对于政治而言。无政府主义主张社会主义，即主张以生产之机关（即土地、器械等）及其产物属于社会。社会主义分为两大派：即"共产社会主义"与"集产社会主义"。共产主义主张以生产机关及其产物全属之公共，人人各尽所能，各取其所需；集产主义主张以日用之物（如衣、食、房屋之类）属之私有，生产之物（如机械、土地之类）属之公有（或国家）。二派之外，还有独产主义等。

师复等主张无政府共产主义。其思想观点主要是巴枯宁与克鲁泡特金思想的融会，即无政府工团主义与无政府共产主义的混合物。他认为互助和劳动是人最根本的道德属性，人类社会不需要政府和法律，依靠互助和劳动就可以维持社会的良好运行。互助进化论和劳动本能论是其无政府主义的理论基础。师复无政府主义的核心观念是绝对自由。在他构建的无政府社会中，首先要废绝一切政府机构，包括军队、警察、监狱与法律规条等，自由组织种种公会，以改良各种工作及整理各种生产以供给于众人。其次，一切生产要件和劳动所得之结果均归社会公有，废绝财产私有权。无资本家与劳动家之阶级，人人从事劳动。再次，废除宗教和婚姻制度等。男女自由结合，产育者由公共产育院调理，所生子女受公共养育院保养，儿童入学校教育，凡人有废疾及患病者，由公共病院调治。每人每日劳动时间大约两小时，最多至四小时，其余时日自由研究科学，以助社会之进化，及从事于美术技艺，以助个人体力脑力之发达。学校教育采用万国公语，以渐废去各国不同之语言文字。

师复认为，实现无政府共产主义的途径和手段为"传播"（包括报刊、演说、学校等）、"激烈行为"（包括抗税、抗兵、罢工、罢市以及暗杀、暴动等）和平民大革命——世界大革命。他所处的时代属于传播时代，无政府党人各就其地位之所宜与能力之所及，从事传播，辅之以激烈行为。传播的主要对象是知识分子，师复也注意到要与工团组织的结合。《晦鸣录》编辑绪言里即提倡工团主义，在其去世前所著《上海漆业罢工风潮感言》里明确提出，无政府主义党及社会党都立该为工团组织鼓吹，且加以赞助。

师复认为自己信仰的无政府主义是最革命、最正确的理论，因此对不合己意的其他社会主义派别进行了批评，其中最主要的批驳对象是江亢虎和孙中山的社会主义。师复认为，江亢虎和孙中山虽自称社会主义，实际上他们所言皆社会政策。他指出，江亢虎不主张生产机关公有，不主张废私产，违背社会主义之原则；对于政治主张限制军备，采用单税；对于产业主张营业自由财、产独立，皆属国家的社会政策。主张社会政策，与共产主义无政府主义相去太远。

师复对马克思（师复写作"马克斯"）主义并未作过多的评论，只是在梳理西方社会主义流派时提及马克思主义。他指出，马克思是集产社会主义的元祖，但不能以社会主义为马氏之专利品，马克思派之外，尚有理论圆满之共产社会主义。师复本人如何看待马克思主义，其在马克思主义传播过程中的功过，以及其追随者与科学社会主义者的论战，这是三个既有联系又有区别的问题，其复杂关系需要深入探讨。

五、选编原则和体例

师复的文章主要分为三个部分。

清末，师复被囚禁在香山县狱期间，曾协助创办《香山旬报》，以笔名在该报发表过多篇文章。这些文章，1927 年出版的《师复文存》均未收录。彼岸辑有《师复狱中札记四种》，载《中山文献》创刊号（1947 年）和第 2 期（1948 年）。张磊根据师复友人郑佩刚的抄存本将其整理为《师复集外文》（一、二），发表于《中国哲学》第 12、13 辑，分别在 1984 年、1985 年相继出版。①

师复的第二部分文章主要发表在《晦鸣录》和《民声》杂志上。1913 年《晦鸣录》出版了两期便改名为《民声》。《民声》出版至第 22 号时，师复因病去世，之后他仅有《上海漆业罢工风潮感言》等少数文章发表，该文发表在 1915 年 5 月 5 日出版的《民声》第 23 号上。1921 年重刊了《民声》第 1—29 期（1913—1916 年），《晦鸣录》第 1、2 期的中文部分作为《民声》的第 1、2 号，接下来是《民声》第 3 号，故《晦鸣录》和《民声》其实可以看作同一刊物。

除此之外，师复还有部分文章发表在《社会世界》、《平民报》、《天民报》等报刊杂志上。师复在 1912 年以心社社约号召同志，提出不食肉等"十二不"，其时海内震为奇谈，辩难者纷起。师复在广州《平民报》、《天民报》等报纸上辟"心社析疑录"一门以载讨论社约文字。后师复编定付印单行本，不料晦鸣学舍被封禁，承印是书的印局畏祸，将印好的书和底稿尽付一炬。仅有不吸烟、不饮酒与卫生、不用仆役与平等主义、废婚姻主义、废家族主义等数篇留存。

师复发表在《民声》等报刊杂志上的文章后来被编辑成册，也或多或少被收录到一些资料集中。

1917 年 6 月，师复驳斥江亢虎的数篇文章被辑为《伏虎集》，由《民声》社印行。1920 年，铁心将师复关于无政府主义的 24 篇文章编为《无政府主义讨论集》第一集，由平民书社发行，1921 年再版。铁

---

① 张磊整理：《师复集外文》（一、二），见《中国哲学》（第 12、13 辑），北京，人民出版社，1984、1985。

心还将师复有关无政府主义的文章编为《师复文存》，1927 年由革新书局出版。《师复文存》除了收录师复发表在《民声》上的文章，还收录有不吸烟、不饮酒与卫生、不用仆役与平等主义、废婚姻主义、废家族主义等数篇关于心社社约的文章。1980 年，台湾帕米尔书店编辑部出版了《师复文集》，该书其实就是《师复文存》的翻版。① 1991 年，《民国丛书》编辑委员会影印出版了《师复文存》。②

1959 年，中国人民大学马克思列宁主义基础系所编《无政府主义批判》附有《师复文存》选录，包括《师复先生传》、《无政府浅说》、《无政府共产党之目的与手段》、《无政府共产主义同志社宣言书》、《〈晦鸣录〉发刊词》（即《〈晦鸣录〉编辑绪言》）、《上海漆业罢工风潮感言》、《致无政府党万国大会书》等文章。③

1981 年，中国第二历史档案馆所编《中国无政府主义与中国社会党》选录了《晦鸣录》和《无政府主义讨论集》中师复的部分文章，包括《〈晦鸣录〉编辑绪言》、《无政府浅说》、《师复启事》、《无政府共产主义同志社宣言书》、《无政府共产党之目的与手段》、《孙逸仙江亢虎之社会主义》、《无政府共产主义释名》、《论社会党》、《答悟尘》、《答李进雄》、《驳江亢虎》、《答飘飘》、《江亢虎之无政府主义》、《答蔡雄飞》、《答恨苍》、《起起起》、《政府与社会党》等。④

1984 年，葛懋春、蒋俊、李兴芝等所编《无政府主义思想资料选》选录了《民声》中师复的部分文章，包括《〈晦鸣录〉编辑绪言》、《无政府浅说》、《政治之战斗》、《无政府共产主义释名》、《孙逸仙江亢虎之社会主义》、《答英白》、《论社会党》、《致无政府党万国大会书》、《无政府共产主义同志社宣言书》、《江亢虎之无政府主义》、《无政府共产党之目的与手段》、《答恨苍》、《答悟尘》、《上海之罢工风潮》等。⑤

1984 年，高军等所编《无政府主义在中国》选录了《师复文存》中师复的部分文章，包括《心社意趣书》、《〈晦鸣录〉发刊词》、《不用

①　帕米尔书店编辑部：《师复文集》，台北，帕米尔书店，1980。

②　《民国丛书》编辑委员会：《师复文存》，《民国丛书》综合类第三编 86，上海，上海书店，1991。

③　中国人民大学马克思列宁主义基础系编：《无政府主义批判》，1959。

④　中国第二历史档案馆编：《中国无政府主义与中国社会党》，南京，江苏人民出版社，1981。

⑤　葛懋春、蒋俊、李兴芝等编：《无政府主义思想资料选》，北京，北京大学出版社，1984。

仆役不乘轿及人力车与平等主义》、《废婚姻主义》、《废家族主义》、《无政府浅说》、《政府与社会党》、《再致吴稚晖书》、《致吴稚晖书》、《无政府共产主义释名》、《致无政府党万国大会书》、《无政府共产党之目的与手段》等。①

师复发表在《民声》上的无政府主义方面文章除了篇幅极小的数篇外，其余均已收录到《师复文存》。《师复文存》经过几次翻印、影印，流传较广，收藏《民声》的单位和个人不多，《伏虎集》、《无政府主义讨论集》和几种无政府主义的资料集收录范围远远小于《师复文存》，故引用《师复文存》最为方便。大约为了避免引用文献的单一，增加引用文献的丰富性，不少研究者在其论著中时而引用《民声》，时而引用《师复文存》，时而引用某些无政府主义资料集，其实这些资料往往可以在同一种资料中找到。

本书即以《师复集外文》和《师复文存》为主体资料，前者反映了师复在清末的思想状况，后者反映了其辛亥革命之后的思想历程。全书按照时间顺序排列各篇文章，原作有明确著述时间者，按著述时间编次；原署年月而日期未详之作，均置于同月著述之末；仅署年份而遽难考定月份、日期之作，均置于同年著述之末。《师复文存》等资料中有些文章仅署年月而日期未详，则根据《民声》补充、订正日期。

本卷由唐仕春主编，编辑过程中，唐民生、李巧敏等参与了本书的录入、校对工作。

---

① 高军等主编：《无政府主义在中国》，长沙，湖南人民出版社，1984。

《香山旬报》发刊辞①
(1908 年 9 月)

中华开国四千六百有六年，岁在戊申八月之二十一日，我《香山旬报》出世。本报同人惧《小雅》尽废而中国亡，咸抱大悲，发无边弘愿，为欲令邦人士女，拂拭真智，咸革旧染，兴化厉俗，作我民气，因以恢复自由，振大汉之天声，发扬我邑人耿光，被于中土，乃黾勉而作斯报。扬海潮之音，为民遒铎。美满光大，将自今始。我先民陈天觉、马南宝诸公在天之灵，实式凭之。呜呼，风雨如晦，鸡鸣不已。凡我仁、良、隆、黄梁、所、得、四大、黄圃、恭、常、谷、杭、旗十三都五十万诸父老、昆弟、姊妹，庶奔走偕来，听我法音无怖！

1908 年 9 月在香山狱中作

---

① 《〈香山旬报〉发刊辞》、《净慧室随笔》、《民族与国土》、《寒柏斋賸言》、《民族平等观念之发达》、《绡庵谰语》均录自《师复集外文》。张磊整理：《师复集外文》（一、二），见《中国哲学》（第 12、13 辑），北京，人民出版社，1984、1985。

净慧室随笔
（1908 年 10 月）

造字时代之男女平等观

近人往往谓中国古代学说罔知男女平等之义者。虽然，是安知我先民创造文字之时，固已深知贵男贱女之俗之不合公理，而隐寓其意于六书耶！

考许氏《说文》女部妻字云："妻，妇与夫齐者也。从女、从屮，从又（《说文》又部云：又手也），又持事，妻职也。屮声。（此二字疑衍）"叟，古文妻，从肖女。肖，古文贵字。据此则妻之古文作叟，以贵女会意，显斥贱女之非。至篆文则从女从屮从又会意。屮者，草木初生也，其字形象草木之挺出。妻字既取声于齐，复取义于屮，更隐寓挺然特出与男子齐等之意矣。据社会学家言：贱女之俗，由于图腾社会（亦称蛮夷社会）男子特见重于一时，而女子仅供奴役之故。吾意仓颉造古文时，正图腾社会与宗法社会相递嬗之际。其时贱女之俗必特甚，故于字形著贵女之义，期渐变社会之心理，而挽当世之颓风。泊夫作篆文者（妻字之为大篆抑为小篆，今不可确知），其时必已入宗法社会，三从七出等学说渐出，野蛮陋风，视为公理，习非成是，莫可谠正。而女子又皆自安卑弱，无才无学，不能与男子争权。古人悯之，乃改其字形作妻，隐欲令为女子者挺出而恢复人权，以期与男子齐等。呜呼，古人以文字教天下之意勤矣。顾猥曰中国人不知女权，何重诬我先民之甚与！

佛教之男女平等观

佛说女身垢秽，非是法器，不能得无上菩提。又说女身有五障：一者不得作梵天王，二者帝释，三者魔王，四者转轮圣王，五者佛身。故沙门二百五十戒中，有与女说法及辄教尼等戒。而《法华经》且谓菩萨不应近五种不男之人以为亲厚（一生不男，二犍不男，三妒不男，四变不男，五半不男：是为五种不男），一若虽男身而似于女身者，且为佛所不重矣。妄人不达，遂有疑佛德亦歧视男女者。不悟佛门戒律，淫戒最重，以戒淫故，常欲疏女。《四十二章经》云："勿与色会。"《宝积经》云："一见于女色，能失眼功德。"《阿含经》云："一见于女人，永结三涂业。"以是之故，虽与女说法，亦不轻许。盖非歧视女人，特力护未证深位之行人，使勿毁戒体耳。不然，一切众生，等有佛性，皆可成佛，岂其于女人而外之！观于佛应摩诃波暗波提恳求后（佛初不度女人，成道后，因姨母摩诃波暗波提恳求来出家，佛乃度之），男女并度，比丘尼（梵语"尼"译之女）、沙弥尼，式叉摩那（译言学法女）、优婆夷（译言近侍女）与比丘、沙弥、优婆塞，同列于七众。凡佛说诸经，皆普为一切善男子、善女人说法者也。

古今东西，设教之无外，敷化之平等，盖无逾于此。《涅槃经》有云："若有男子，不知自身有如来性，世间虽名男子，佛说比辈是女人也。若有女人，能知自身有如来性，世间虽曰女人，佛说此甘是男子也。"呜呼，是可以知佛意矣。

佛教之四厄

佛教之盛，讫于隋唐，叹观止矣。自宋而降，日即衰微，且屡受厄焉。

是义云何？以劣根众生，妄执邪见，谤佛骂祖。复有众生，欣于多闻，未得真谛，自逞异说，各自以为得无上道，因而佛法不显，故名之为厄。于中复有四种。云何为四？

一者，不睹藏典，昧于佛法，徒以出家持戒，礼俗互异，因而兴谤，诋为异端，指为虚无。此为南宋理学家，其一流也。

二者，慕佛虚名，不乐修证，徒逞机锋，妄备说法。所谓诵口头禅，满街是佛。此为明末狂禅派，其一流也。

三者，结习深重，欲爱未除，选色谈空，怖于修行，涉猎三藏经典，资为文章，而妄自备，得证三昧。此为龚自珍派，其一流也。

四者，灭裂圣经，剽窃佛语，取泰西哲学、政治，乃至公羊三世诸说，而附会之。以世间法淆于出世间法，无有是处。此为谭嗣同、康有为派，又其一流也。

以是四厄，佛教陵夷，遂几几亡矣。四者中，前一谤佛，后三妄以己说为佛说。以佛法论之，皆世尊所云大妄语成堕无闲狱者也。

迄世末劫，颇有学子，慕于佛名，好诵佛乘，皆各自谓研究哲理，无用持戒修行。呜呼！虽亦知后三者之障，皆坐有解无行为之病源否耶？

我佛尝云：“虽有多闻，若不修行，与不闻等。如人说食，终不能范。”古德亦云：“若唯有解而无行者，若空有云而无雨。行解相应，乃可进修人道。”我愿学子，谛听谛听！

扬汉

世或讥近代汉学家破碎不周于用。夫诸家之学，不免于破碎，固也。然以诸老处犬羊俶扰之世，文网周密，诗狱史祸，株连无厌。学者进退维谷，既不克舒其才智于崇论闳议，乃遁而求其沈暗寂寞之汉学，借以摅蓄念而发幽情，其志则诚可哀矣！

传有之：《小雅》尽废而中国亡。毁冠裂冕之既久，国人不见汉官威仪者垂百余年。一旦得诸老之精诚博学，取前代之典章文物，考订而发扬之，使学者释然见吾族之遗制，则爱国之念，有不禁悠然兴者。意大利之中兴，犹以文学复古为先导，吾又乌知夫汉学诸老之表章古学，不将为吾国中兴之朕兆乎？且吾闻泰西考古之学，蔚成专科，为社会学、历史学、地质学莫大之助。诸老之致力于金石考证之学，其功亦尔。若夫阐明物理，证以实谂，如程氏瑶田辈，尤不愧为生物学大家。徒以初启其端，不成系统，未几其风遂衰，惜哉！（余近有志于新字典之著。顾其中有数难题未能解决。即如生物学未发达，动植物诸字难下确释。其古有是字而不知今为何物者，不可偻指。徒顺古为注，则几如商彝周鼎之不适于用，此亦一难题也。倘得汉学诸老之精博，助以科学家之条理，则吾国斯学之兴可卜矣。）

悲宋

闽洛儒言，至为浅薄，以视晚周诸子，则瞠乎其后，校以近世欧美诸哲学家之所发明，更如乔岳之于附娄也。顾其为学以躬行实践为重，尤能谨出处之节，明华夷之辨，兢兢不少失。流风所被，及于晚明，讲学大师，提倡气节，士风称茂。或一旦见危授命，大节卓然彪炳于史册者，往往而有。斯则理学之效也。

此义既废，一二小人儒，醉心利禄，稽首虏廷，如×××、×××辈，公德私德，扫地皆尽，犹觍然持其所谓宋学者（汉宋之争，至为谫陋，少有识者皆非之。今但顺古为言，仍曰汉学、宋学云尔）号召于众，复不惜缘附经说，以为异族作辩护。昔陆子静讲理学，而剪爪学射，欲一当女真以与之搏。今乃不搏之，而拜之，而又护之。呜呼！学不逮许衡，而节行尤下。使其一自返于日夕所诵习之《春秋》大义，当亦嗒然若丧矣。尊王不已，遂以尊夷。然则宋学之流失，其祸殆校孔学为尤烈。岂不悲夫！

改经号

古无经之名也。六经之名，始见于《庄子》。（《天运篇》仲尼曰："某以六经奸七十君而不用。"）班氏因刘向《七略》作《艺文志》，爰序六艺，后世附益不已，乃有七经、九经、十经、十二经、十三经、十四经。盖经之名兹多于是矣。往者龚自珍氏尝慨之，而有六经正名之说，欲以经还经，以记还记，以传还传，以群书还群书，以子还子。其说甚辩。虽然，正名之义，遂止于是而已乎？

夫经者古之典籍也。有历史焉、有政书焉、有文学焉、有古哲之学说焉，不当概而名之曰经，尤不当置经于一切典籍之上。使古之历史、政书、文学学说，不与后世之历史、政书文学之说伍。

《春秋》以前，凡学者皆诵六艺。经非儒家之专书，更非仲尼一人所得私有。（仲尼因《周易》作《十翼》，略如后人之传注，因《鲁史》作《春秋》，可称著作者止此。《诗》、《书》、《礼》、《乐》皆古所流传，后儒删订之说，纷纷聚讼，甚无谓也。知此而孔学之根据失矣。）自以经为仲尼之书，而孔教遂独霸于学界。率天下学者群出于儒之一途，名之不正，学术之所由日隘也。

然则经可废与？曰：恶乎可！经者古之典籍也。黄帝以来之学术、政治、制度、文学、宗教、风俗，皆于是乎取征。吾国古代之文明，其渊海矣！学者偶得一二古物，尚珍之不忍弃，况经乃三四千年之古书，存之足为历史光者乎？

不宁惟是，间者中原板荡，兽蹄鸟迹，交于中国。吾族之典章文物荡然皆尽。幸其书尚未为恶其害己者之所去。承学之士，得以考见数千年文明之遗制，法古用夏，庶在于斯。昔顾亭林先生序张稷若之《仪礼郑注句读》有曰："后之君子，因句读以辨其文，因文以识其义，因义以通制作之原，则夫子所谓以承天之道而治人之情者，可以追三代之英，而辛有之叹不发于伊川矣。如稷若者其不为后世太平之先倡乎。"先生之言，痛深而辞婉。今日之视诸经，皆作如是观焉可矣，恶乎废！

然则将奈何？曰：其书未可废，而经之名可不立。经者古之典籍也，吾今为正其名号，以订古今目录家之谬。《易》者，古代之烦琐哲学也，当还之哲学部。《书》与《春秋》，记事记言之书也，当还之历史部，《左氏》、《公羊》、《穀梁》三传如之。《诗》者，古之歌赋也，与《楚辞》焉，当还之文学部之文辞类。《仪礼》者，三代之典礼最完备而无疵者也，当还之历史部之典礼类。《周官》者，未见施行，盖政治家之所拟议，当还之政治部。《大戴》、《小戴》二记，多后儒所伪撰，然大抵先师之遗说，未可尽废，当各篇分析，而各还之哲学部、文学部、历史部、政治部。《乐》者，当还之文学部之音乐类。《论语》、《孟子》还之哲学部。《尔雅》者，古书之雅训也，当还之文学部之训诂类。（余谓今日作艺文志，当废经、史、子、集四部之名，而以学术之分科叙录，略拟门类，为部十有（六）〔七〕：曰哲学、曰政治、曰法律、曰宗教、曰文学、曰历史、曰地理、曰天文、曰算学、曰兵事、曰医学、曰农学、曰工艺、曰物理、曰化学、曰博物、曰商业。部各有类，复为子目数十，不悉述。）夫如是然后二千余年，名不正言不顺之诸经，可以各得其所矣。

经之名既废，孔教之藩篱乃破。学者得各发舒其思想之自由，而不为一家之说所束缚。学术以是而光大，国粹以是而保全。世有识微之士，其必许为知言哉。

若乎步武西法，爰立学制，而必列读经为首要之科。借经学以保孔教，借孔教以护君权。此自佞谀者之用心，不足深论。（经学一科既列于学制，从事教育者，势不得改废，则莫若本顾亭林之遗意，因此讲明三代之典章文物，使青年学生，皆穆然见吾族神明之遗制，不为侏离之礼俗所囿。爱国保种之念，必有油然而兴者。如此庶几亭林所谓太平之先倡，而三十二代之遗民，或不至终沦于左衽欤！吾愿今之为经学教员者，少留意毋忽。）

诠文性

文学之道，略含三事：一曰训诂学，文积字而成，训诂者文学之元质也；二曰论理学，文以载道，名不正，道不章，论理者文学之权衡也；三曰字式学（西名葛郎玛 Grammar，马氏建忠译为字式，或翻文规，亦翻文法），为文如治兵，无法则乱，字式者文学之律令也。知斯三者，然后可与言文而列于作者之林矣。

自唐以上，文家皆通小学。故用字之精，确乎不可移易。论理与字式，其学虽未显，然持以校诸家之文，则无不若合符节。逮宋已降，此义少衰，文学陵迟，滔滔不能复古。迄乎近世，缀学之士，鄙夷小学，识字者日稀。文章之权衡律令，更不暇究。乘新学外来之潮流，暗袭东人文体，载歌载哭，声渐气竭，辞繁而义俭，语博而理疏。十年以来，教本、报章以及著述，去本趣末，相习成风。国文之精英扫地斯尽，斯则梁启超为之作俑者也。（余友某君谓近体文之浮滥，龚定庵已开其端。实则定庵文体虽卑，尚未甚劣。近人则仿东人之格调，而济之以定庵之浮词者也。）流俗寡识，乃或奉以文学革命之名。夫文学何革命之有！三代之文简而质，晚周之文深而达，西汉之文丽而郁，东汉之文渊而淡，魏晋之文雅而远，六朝之天华而密。以言革命，则固无时而不革命矣。其可与变革者文之相，其不可与变革者文之性也。文性者何？则吾前此所云三事也。今既大背乎三事，复为是妖形鬼态以相诳耀，而犹谬附于革命之名，斯殆所谓披发伊以之类欤。

唏孔氏

儒术于六家中至为浅薄，亦未尝以宗教自异。得董仲舒而略具宗教面目，得汉武帝而统于一尊。盖儒教之得成为宗教，乃不由自力而纯借他力者，曷足邵乎？抑历代帝王利其便己，相与推崇，亦固其所。所可哂者：涂说之士震矜他人宗教之盛，因欲起孔氏以与之抗。莘莘学子，冥行盲步而从之。遂使万木草堂之余灰，倏然有燎原之势。夫奸党借保教之名，思敛海外侨民之财贿，彼其术则然耳。不争不党之士，而可无识者是耶！虽然，吾意自今而后，释迦、基督之傍，未必为增一席，而文昌、魁星，则有为之代兴者矣。

吊三老

当顾、王、黄从祀议起，嫉忌者摈太冲，而宁人、而农则始终不见绝。嘻！太冲唱民权，宁人、而农则岂为专制张毒焰者！且宁人屡起义旅，而农入深山以避秦，视太冲之遣子事朝贵间，尤为倔强。介议者又忘之耶？

今则三老皆翩然与阙里老人揖让于一堂矣。呜呼！三老之学，皆非孔氏所能囿。祀之廊庑，三老不从而大；屏之宫墙，则三老不从而小。乃必沾笔舌以相校，又复强被以清儒之名。三老在天之灵，其有隐恫欤！

1908 年 10 月狱中作，以净慧居士笔名发表于《香山旬报》

民族与国土
（1909 年 1 月）

　　近之非难民族主义者，或谓支那民族自西方来，略苗人之地而有之，今汉人言民族主义，反顾苗人，则己亦在当排之列云，冀以此箝吾民之口。某氏已著论辩之，顾其说未尽善也，余今持以答彼辈之非难者。

　　其论据有二：

　　一则汉人侵略苗地之说，考之古史，毫无明证，其妄以黄帝伐蚩尤为逐苗人者误也。

　　二则浑浑大地，孰为地主，本无左契可据，而以能于其地建设国家者，乃为其地之主人。今纵假定苗人先居此土，而只以种人散居，未能成国，不得为此土之主人；汉人从后统治之，第谓之抚服，不谓之侵略。

　　有此二论据，彼辈亦可以反舌无声矣乎？请一一详说之。

　　近人往往谓黄帝驱逐苗人，说乃无本。载稽前史，自《尚书》、《左传》、《国语》、《史论》乃主周、汉诸子，凡记载苗事者，大略可析为三：

　　一为《吕刑》之苗民弗用灵。郑玄曰："苗民谓九黎之君也。于少昊氏衰而弃善道，上效蚩尤重刑，必变九黎言苗民者，有苗、九黎之后。"云云。郑君盖本《楚语》昭王问于观射父之言以为说，至今承用无异。此少昊氏时之苗也。

　　二为《尧典》之窜三苗于三危，此乃四凶之一，本为尧臣，放在西裔。郑玄、马融并以为缙云氏之后名饕餮者，与左氏传文相应。先儒皆无异说（高诱注《淮南·修务训》，以为帝鸿氏、少昊氏、缙云氏三族之苗裔。望文生训，盖臆说也），此尧时之苗也。

　　三为《尧典》之分北三苗。此为南方之国。据《吴起传》及高诱《淮南》注，其地实在洞庭、彭蠡之间。舜时不服，其事见于《吕氏春秋》、《韩诗外传》及《淮南子》、《盐铁论》、《说苑》及伪古文《大禹谟》诸书。夏禹时其国复逆命。《墨子·兼爱篇》引《禹誓》文，并言禹征有苗者是，此舜禹时之苗也。

三者皆得苗名，而实异时、异人、异地。据《楚语》及郑君说，少昊时之苗民即九黎。九黎为尧时三苗之先世，而尧时三苗实缙云氏之后，则九黎亦炎黄贵胄也。至舜时之苗，其地盖在楚之荆州，近人以为即今之苗族。然否虽无确据，顾按稽地势，准度事理，尚未大诬，而与少昊及尧时之所谓苗，则固截然不相蒙也。舜禹以前，南方之苗，不见于载籍，而吾族旧封，实在黄河南北。有苗负固洞庭，远在大江以南；中原故都，未尝有苗人足迹，此尤彰明较著者也。自史迁误以南方之苗言四凶，于历叙讙兜、共工、鲧三人之后，次之曰三苗在江淮、荆州数为乱，而下复用《左传》文为言，自相矛盾。尽人能知其谬。及郑君注《尧典》，又混尧窜之三苗与舜分之三苗为一。注《吕刑》，复混凡前史言苗者而并一之，曰："苗民者九黎之君也。颛顼代少昊，诛九黎，分流其子孙于西裔为三苗，至高辛之衰，又复九黎之恶。尧兴又诛之，尧末又在朝。舜臣尧，又窜之。禹摄位，又在洞庭逆命，禹又诛之。穆王恶此族之生凶恶，故著其氏而谓之民。"云云。自是之后，说家言苗者，棼如乱丝，不可以理，而近人竟以舜、禹所征之苗为今之苗种，因之九黎亦以为今之黎种。少昊时之苗民九黎，与今之苗、黎混而为一。于是谈历史者遂臆度自少昊以来至于虞夏，九黎屡叛于北，三苗屡叛于西南，一若此苗族在三代以前，与吾汉族竞争至剧，为一莫大之劲敌者，其误实全基于郑说也。

夫尧时三苗竟窜于三危，地属西裔，史有明征，岂得至禹时复在洞庭逆命？是二者显非一事，理至易明，孙星衍亦尝辨之。至尧时三苗本神明贵胄。《左氏传》、《山海经》及诸家传说，并无异词。今乃以南方蛮种，抑尤妄矣。原郑说之误，其以《吕刑》之苗民为九黎之君，以窜三危之三苗为九黎之后，说本《国语》，具有根据。其言禹摄位又在洞庭逆命者，则误以《禹誓》征苗之事比而同之，其隙易寻，无难立辨。汉学之士，不求甚解，展转沿讹，重纰贻缪，致可叹矣，然犹未至以蚩尤为苗族。近则直以蚩尤为苗族酋长，久宅神州，黄帝率汉族从西方来，侵夺其地。主张民族论者则以此为夸耀，反对者或即反而相稽。矛盾之攻，循环无已。爰考《尚书》、《吕刑》实始载其名。曰："蚩尤惟始作乱，延及于平民，罔不寇贼，鸱义奸宄，夺攘矫虔，苗民弗用灵，制以刑，惟作五虐之刑曰法。"郑君谓："苗民乃九黎之君，于少昊氏衰，上效蚩尤重刑。"又谓："蚩尤黄帝所伐，学蚩尤为此者，九黎之君，在少昊之代也。"郑说甚明，并未尝以黄帝时之蚩尤为九黎、为苗民也。而自《大戴礼》、《史记》、周秦诸子以至诸家传注，言蚩尤者，或以为庶人，或言古天子，或言诸侯，或言霸天下，说虽不一，然从未闻有以为苗人及以为异族者。

以蚩尤为苗人，其缪盖自误会马融之说始。马注《吕刑》曰："蚩尤少昊之末，九黎君名。"马意本以此蚩尤为少昊之末、九黎之君，固显别于黄帝时之蚩尤，与郑说实无甚异。故朱骏声曰："按郑注云云，是黄帝擒于涿鹿者一蚩尤，九黎之君又一蚩尤。如尧时有羿，夏时亦有羿，蚩尤作兵，羿善射，慕之者相袭为名，古人往往有之。"其说甚是。今人不善读书，第谓蚩尤为九黎之君，遂以指黄帝所伐者，而九黎既谬以为即今之苗黎，因之黄帝所伐之蚩尤，亦为苗种。斯不亦远乎？

今再按韦昭注《楚语》云："九黎黎氏九人。"书疏引之，下云："蚩尤之徒也，是后民之效蚩尤为乱者。"夫曰其徒，曰后民，则少昊时作乱之九黎，盖即黄帝时之蚩尤之后，而蚩尤盖即黄帝时九黎之君。合之马、郑之注及《史记》以蚩尤为诸侯，适相印证。由是言之，九黎盖古之国名。黄帝时其君名蚩尤者始作乱，黄帝杀之，仅及其身而止（按《史记》及诸书皆止言黄帝杀蚩尤，无有言诛其子孙放其党族者）。及少昊之末，其后君袭蚩尤之名，效蚩尤之恶，是作五刑，而以尧时三苗实其后代。故《吕刑》变九黎而曰苗民。然则黄帝时之蚩尤，亦三苗之先世。三苗既为缙云之裔，则黄帝时之蚩尤，亦必缙云之族，固同属神明贵种矣。是故以蚩尤为苗族，毫无明证，而以蚩尤为汉族，则犹有可验之符。某氏徒据地域以言蚩尤之非苗族，尚未足以塞彼辈之口也。（至三者同名为苗之故，犹有可言者，别详拙著《寒柏斋膡言》。）

故余以为吾人欲借历史之事实以兴起民族之感情者，与其言黄帝逐苗人，毋宁言黄帝逐荤粥之信而有证（黄帝北逐荤粥，见《史记·五帝本纪》。此族即周之俨狁、汉之匈奴，是为蛮夷猾夏之最古者），勿庸取暗晦不彰之事妄相附丽，而反对者亦未由反唇以相讥矣。然此亦第据历史以明其事实之如是而已耳。

若以民族抚有国土之定义言之，则汉之与苗，来宅神州，孰为先后，亦不必辩。今纵如近人之说，姑假定苗人先来此土，而汉族之抚有诸夏，亦不得谓夺自苗人。何以明之？今之言民族主义者，固与法律家之判断产业有殊。执产业者有左契可稽，主客易辨；民族之抚有国土则否。浑浑大地，孰为原主，岂有明文？惟以能于其地布施政治、建设国家者，乃为其地之主人。苟有先居其地，而或随时迁徙，或徒聚族而居，然未成国家，本无国土之观念。则此民族只可称为种人，不得称为国民。既非国民，即不得为此土之主。其后别一民族移殖其地，为之布设政治，建立国家，抚有此土，即为此土之主人。而对于先民族，只谓之抚服，不谓之侵略。今苗人之来居中土，尚未成国，自可质言。则中国者固非苗人之中国，而汉族移殖之后，施以宓牺、神农、轩辕之文化，抚翼类①，建此大邦，即无异为抚有神州之左契。何得谓侵略苗地？更何得于四千余年之后，国体已固，主客已定，复谓苗之视汉，亦在当排之列耶？

至于民族建设国家之后，国民之经营，生息于此土者已千百年，乃复有一异族来自他方，覆其宗祀，据其疆土，欺压其种族，蹂躏其政治，攫取其生产，此乃谓之亡国。为国民者，当大张六师，以图光复。其情事实与种人之被人抚服者相去千里，不能为例者也。

是故印度本马来人所居，及阿利安人移殖，乃始成国。不得谓阿利安人之夺印度也。日本本颗罗克人、虾夷人所居，及和人移殖，乃始成国，不得谓和人之夺日本也。惟如今日英人之据印度，乃为侵夺。盖与晋之五胡，宋之辽、金、元，明之满洲同例。故吾闻世界论者有谓印度国民当排英人者矣，未闻有谓印度土人当排阿利安人，颗罗克人、虾夷人当排和人者也。何也？印度土人、颗罗克、虾夷人固未尝建设国家，不得称为印度、日本之国民，而阿利安人、和人则明明建设印度国、日本国，而为其国之主人故也。

是故民族抚有国土之定义，不以宅居之先后为衡，而必以能建国与否为断。某氏第据来居先后以定主家之数，于是不得不谓中国今日之地无一非为汉族所固有，以自固其说，此则非余所敢苟同者矣。（某氏谓支那本部自凉南诸外洋有攘取者，凡所征引皆未甚妥。余别有说辨之于《寒柏斋媵言》中。）

1909 年 1 月作于香山狱中，发表于《香山旬报》第 13 期

---

① 此处疑脱"族"字。

寒柏斋滕言①
(1909 年 2 月)

《日知录》逸书未出　顾亭林先生抱故国之痛，无所舒其愤，乃著《日知录》以贻后世。其与友人书曰："所著《日知录》三十余卷，平生之志与业皆在其中，惟多写数本以贻之同好，庶不为恶其害己者之所去，而有王者起，得以酌取焉，其可以毕区区之志矣。"又曰："《日知录》之刻，谬承许可，比来学业稍进，亦多刊改，意在拨乱涤污，法古用夏，启多闻于来学，待一治于后王。自信其书之必传，而未敢以示人也。"又初刻是书自序曰："若其欲明学术，正人心，拨乱世以兴太平之事，则有不尽于是刻者，须绝笔之后，藏之名山，以待抚世宰物者之求，其无以是刻之陋而弃之，则幸甚。"

观此则先生全书，尚未刊行。盖如仲尼之作《春秋》，隐而不宣，以免时难，且恐为时君之所毁灭也。今读是书，虽非完本，然其中慨神洲之陆沉，悯风俗之颓败，痛深辞婉，善读者犹能得言外之意。乃至金石遗文，帝王陵寝，皆挈挈讨究，瞀儒目为琐屑，而不知所以兴起民族之感情者至大也。独惜乎先生全书，所谓藏之名山，未敢示人者，今已不可得见。

昔宋遗民郑所南先生著《心史》，埋之枯井数百年，卒有发见之日。名山有灵，《日知录》必不朽。壁中丝竹，余深有望于所谓抚世宰物者之求耳。

《日知录》之残缺　《日知录》一书，文阙简脱，伪误滋多。黄氏汝成尝为刊误二卷。然所补正，大抵在文句之末，而落落大端，尚多未能谠正。如卷六有"素夷狄行乎夷狄"一条，今已亡逸。先生著书，尝称

---

① 本文的主要部分为分析粤语，此处选录了关系思想史的几则，其他从略。

有明为本朝（观卷十三本朝条可见）。今则或作本朝，或作有明，或作明末，前后错出。甚至引举故籍之文，如卷二十九引《隋书·经籍志》两夷语字，皆改作国语。凡此之类，难以悉举。黄氏谓原本文句舛脱，又间为稼堂检讨（按稼堂者，潘末也）删易增讹云云。呜呼！是殆皆潘氏之所窜耶？柳先生所谓恶其害己者之所去耶？是未可知。然潘氏曾及先生之门，凤闻先生绪论，而乃为此。君子一言以为智，一言以为不智。岂惟不智，抑亦先生之罪人矣！

敢死 余近颇不欲谈时事。必与之言，则唯有一极单简之主义，曰"敢死"。轻死生者，能独善，能救国，能度众生，能世间，能出世间，殆无往而不利者也。宗教取佛氏，学术则颜习斋差近之。

新少年 衔雪茄烟，饰覆额发。或短鬓欧妆，香水馥郁扑人，饮食尚西餐，衣服矜洋装。略览译书，自由平等不离口。崇拜英语，娴习男女交际。此今日之新少年也。与之谈颜学，说任侠，不掩耳疾走，则古桥不能下矣。

新志士 政治则崇拜欧美，道德则略私德而谈公德。学说重功利，非尧、舜、边、达（边沁、达尔文），即神圣杨、朱。登演说台，口如悬河。报纸文字，执笔能为三五篇。诗词摹拟龚定庵维肖。此今日之新志士也。赖此辈救国，譬犹驾驽骀使行千里，擎朽木使肩大厦耳。

新社会之人物 今之新社会，有教员焉，有办学务、办自治员绅焉，有新闻记者焉，有某某社员、某某会员焉，有出洋留学生焉，有何科何科若进士、若举人焉，有特保人员焉。光怪陆离，目不暇给。一言以蔽之，曰：竞名死利。非汲汲提倡士节，振厉廉耻，不出十年，中国必亡于欧美。

知耻、厚重、耿介、必信、贵廉、苦行

某氏作《道德论》，痛新进道德之堕落，欲取顾亭林先生所揭知耻、厚重、耿介三事，益以必信，为对治之药。当举世崇尚功利、驰骛纷华之时，独竭力提倡道德。风雨如晦，鸡鸣不已。诚冬岭之秀松，郑郊之韶音也。顾余于四事之外，尚欲益以顾先生所举之贵廉，颜先生所倡之苦行，为知耻、厚重、耿介、必信、贵廉、苦行六事。明乎第一事，则今之屈节异类、神圣外人者可以戒矣。明乎第二事，则今之好事修饰、喜作艳词者可以戒矣。明乎第三事，则今之和光同尘、浮沉名利者可以戒矣。明乎第四事，则今之大言欺人、权谲相尚者可以戒矣。明乎第五事，则今之竞争权利、崇拜黄金者可以戒矣。明乎第六事，则今之柔筋脆骨、惟求乐利者可以戒矣。以六事为纬，以吾独一无二之敢死主义为经，散之则六殊，合之则一本。今之新党、今之志士，其倘不以为迂乎？某氏之言，专为□□党说法，余则兼为中立派与乎一切宗旨未定之人下药。吾此论出，当觇心许吾言者之多寡，以验中国之存亡。

著作与舆论 古之著书者所以格世，今之著书者所以媚世。欧美之报纸制造舆论，吾国之报纸盲从舆论。文明国民之舆论切公道，当服从；专制国民之舆论多颠倒，当纠正。

1909 年 2 月以寥士笔名发表于《香山旬报》

民族平等观念之发达
（1909 年 7 月）

　　吾于最近时事中得两事焉：恒人所不甚注意，而实于民族前途关系至巨，且足觇吾国人民族平等观念之日渐发达者。斯何事？其一则为吾邑申明亭乡之倡放世仆，其二则为南海某君之倡建蛋民学堂也。

　　吾友惊鹤生之言曰：凡一国之内，人人平等。其权利义务无一不均者，斯之谓文明国。若一国之内，门阀互异，阶级厘然者，斯之谓野蛮国。诚如斯言，则今日世仆之对于主家，蛋民之对于平民，其阶级之严，孰有甚于是者？此之不除，而欲免野蛮之消，抑亦难矣。

　　考吾国本无奴制。《周官·司厉》郑司农注曰："今之奴婢，古之罪人也。"《风俗通》言："古制本无奴婢，奴婢皆是犯事者。"故奴婢实为刑法上之一种罪名，而非人人皆得蓄奴者也。不料至于后世，买奴之风，竟为法律所承认，且明明规定于律书之条文，而禁其种种之自由。斯不亦异乎！

　　今吴越诸省，富贵之家，有蓄奴至一二千者。吾粤巨室，亦多买奴仆。世世子孙，不能自由，其违悖人道，实与美洲昔日之黑奴，俄国今日之农奴无异。至于蛋民者，考其历史，书阙有间。说者则曰：蛋民本分二种：其一为粤人之不服秦而遁居海上者，其一为卢循之兵。卢循被交州刺史杜慧度所斩，而亦遁居海上者。据其所言，前一种本南粤之土著，后一种乃吾夏之遗黎。然今日则已浑然无间，既无种族之可分。且今日民族之定义，必以历史为根据，而不徒重血统。蛋民之言语风俗，皆与华同，则其当与吾民同享权利，同受教育，自可断言。不谓今日之蛋民，法律上既屏之于化外，民俗中亦不齿于齐民。世世相传，教育杜塞，遂成为一种最愚劣之民族。嗟嗟！同为华种，同具耳目心知，而乃令其卑贱愚盲，形同异族，苟非木石，能勿为之痛心哉！

吾粤之有此，盖与奴仆之制，同为民族上之大污点，而被世界文明国民之所耻笑也久矣。不料吾邑之开放世仆，南海之倡设蛋民学堂，乃同发见于一时也。吾故为之喜曰：吾国人民族平等之观念日渐发达，盖可见于此矣。吾闻学使批南海某君之禀词有曰："惰民脱籍于吾浙，蛋民兴学于是邦。跂余望之。"学使亦有心人哉。（《日知录》云：今浙江绍兴府有一种人，谓之惰民，世为贱业，不与齐民齿。志云：其先是宋将焦光瓒部曲，以叛宋降金被斥。）

抑吾更有说者，则以蛋民之不独宜与以教育，且当开放束缚而废除蛋民之号也。蛋民之称，不知何自始？然蛋实为蜑之讹字。蜑者，南蛮种也，同属夏族，而世受蛮名，无理孰甚？吾友寥士著《粤语解》，则谓蛋为卵之转音，卵为鲲之假字；蛋民即卵民，卵民即鲲民。鲲者，鱼子也，以其水居，故被以鱼子之贱名。其说之信否，虽不能遽断，然蛋之一字，必为鄙夷贬斥之名辞，则可决言也。今既为之兴学，而不为除其贱名，案之民族平等之义，固犹有未尽矣。吾愿与有志者一商之。

1909 年 7 月狱中作，以丹水为笔名发表于《香山旬报》第 32 期

绢庵谰语
（1909 年 10 月）

　　龚定庵集，吾粤自某伪儒讲学后，一时传诵极盛，几于家有其书。近则新学少年，尤好口哦龚句；下笔摹仿，惟虞不肖。吾尝浏览报章，每有文苑或诗词一门，所登诗词，无论其为东施学颦，抑为宋人楮叶，要无不带有龚集之气味焉。（吾尝与某君论龚集，戏谓之曰："今日之《龚定庵集》，其十年前之《管世铭稿》乎？"某君以为知言。）试问以介因缘，文风之下，乃至于是。则以集中冶词艳句，固与今日轻薄少年之心理适相应而且易学故也。斯岂非风俗人心之患欤？某氏论龚文，至以为汉种将亡之兆，诚痛哉言之矣。

　　吾国小说虽多，大抵不出诲淫、诲盗及神权三种。第二种盛行于下流社会；第三种盛行于妇女社会；第一种则通行于诸种社会，且占最大之潜势力焉。迩来新小说之出，汗牛充栋。检其目录，亦以艳情小说居大半数。噫！佛氏三戒，淫与盗等，而《楞严》且列淫戒于第一。意在斯乎！

　　犹忆数年前一般浮竞之士，曾倡为小说报，揭橥改良风俗之名，而乃艳称《西厢记》、《石头记》、《金瓶梅》诸作至不绝口。火之燎也，惧其不炽，而加之薪焉，颠矣！

　　近人论小说者，惟某氏能持巨识，遣退诸诲淫之作，而独取《儒林外史》为正宗。是书虽非绝作，然其鄙夷功名势利，不可谓非孤怀远识者也。今之有拜金病及立宪热者，此尤瞑眩之药欤？

　　今浙江有所谓惰民者，世执贱业，不与齐民齿。《绍兴府志》云："其先是宋将焦光瓒部曲，以叛宋降金被斥。"由斯而谈，盖与今之汉军，事同一例。乃惰民则不齿于社会，汉军则与满洲贵族同列而并称。性质不殊，而取舍斯异。当王者贵，固非拘迂者所能知矣。然则山涛所谓天有四时，人事有变更，亦何尝非名言耶？

辫发之制，见于史传者，以汉之西南夷为最古。《史记·西南夷传》云："皆编发随畜迁徙。"《汉书·终军传》云："殆将有解编发、削左衽而蒙化者。"注云：编读曰辫，盖字通也。乃在古以为殊方异俗者，今则人人皆然，不复知其本始；是亦当王者贵之义与！

奴字始见于《周礼·司厉》云："其奴男子入于罪隶，女子入于舂槁。"郑司农注云："今之奴婢，古之罪人也。"服虔《风俗通》及许慎《说文》略同。乃在古以为罪人者，今则满臣奏牍，始称奴才。以皇皇贵族，而自等于罪隶之名。是又所谓天有四时，人事有变更者矣。

《日知录》云："郎者，奴仆称其主人之辞。（《通鉴》注：门生家奴呼其主为郎。）唐张易之、昌宗有宠，武承嗣、三思、懿宗，宗楚客、晋卿等，候其门庭，争执鞭辔，呼易之为五郎，昌宗为六郎。郑杲谓宋璟曰：'中丞奈何卿五郎？'璟曰：'以官言之，正当为卿。足下非张卿家奴，何郎之有？'安禄山德李林甫，呼十郎。王鉷谓王鉷为七郎。李辅国用事，中贵人不敢呼其官，但呼五郎。程元振军中呼为十郎。陈少游谒中官董秀称七郎是也。"乃近人好效倭俗，往经自名几郎。是直自居于主人，而等呼我者于奴仆。若其以之自呼，则以自我为主人，而呼我之我为奴仆。名之不可苟也如是，心醉东风者其庶几憬然乎！

顾先生《日知录》云："刘、石乱华，本于清谈之流祸。人人知之。孰知今日之清谈，有甚于前代者。昔之清谈谈老庄，今清谈谈孔孟。未得其精，而已遗其粗；未究其本，而先辞其末。不习六艺之文，不考百王之典，不综当代之务；举夫子论学论政之大端，一切不问，而曰一贯，曰无言，以明心见性之空言，代修己治人之实学。股肱隋而万事荒，爪牙亡而四国乱。神洲覆荡，宗社丘墟。昔王衍妙善玄言，自比子贡，及为石勒所杀，将死顾而言曰：'呜呼！吾曹虽不如古人，向若不祖尚浮虚，戮力以匡天下，犹可不至今日。'今之君子，得不有愧乎其言？"云云。吾则谓今之清谈，则又较先生之时为尤甚。昔之谈老庄，谈性理，人人知其不周世务。今则谈立宪，谈新政，人人皆以为救国。而实则浮谈无根，与两晋、明末相等，而殉名死利，寡廉鲜耻，甘为戎首而不恤，则罪尤过之。呜呼！吾族神明之遗裔，殆将终于左衽与！

余于现今之政治、学术、宗教，皆主张破坏。唯对道德问题，则以为宁旧毋新，宁迂毋放。有迂谨之道德，而济以通达之智识，庶几可以为良民矣。孔氏斥沮溺，孟氏排陈仲，今日立宪党人之浮竞无耻，皆儒术有以养成之也。

昔日之闾里俗师，今日之学堂教员，其无学等。昔日之博学弘词科，今日之考试留学生，其浮滥无实等。然而荣菀异数，新旧异名者，则时之所趣不同也。斯宾塞曰："民质不良，祸害有易端而无改革。"信然。

道德与智识，反比例之物也。智识愈开，道德往往愈下。此事于百年来之欧美验之，于二十年来之中国复验之。欧美有法律，暂未至于溃决；中国无法律，其祸真不堪问也。

自歌白尼发明地动之说，迄今小学童子皆能言之。惟吾国旧说，向有天圆地方及日出卯入西，昼行地上，夜行地下之语。浅学者遂谓古人不知地动，不悟所谓圆云方云者，乃象天地之德，非说天地之形也。所谓昼行地上，夜行地下者（语见张衡《浑仪注》），亦第指日景言之，非谓日体之自行也，瞽儒自不解耳。古人固知地动，且明著其说。《周礼》大司徒疏引《尚书考灵耀》云："（亦见《开元占经》及《太平御览引》）地与星辰四游升降于三万里之中。春则星辰西游，夏则星辰北游，秋则星辰东游，冬则星辰南游。地有四游，冬至地上，北而西三万里；夏至地下，南而东复三万里。春秋二分，则其中矣。"郑玄注云："春分之时，地与星辰复本位，至夏至之日，地与星辰东南游万五千里。下降亦然，至秋分还复正。至冬至，地与星辰西北游亦万五千里，上升亦然，至春分还复正。进退不过三万里。故云地与星辰四游升降于三万里之中，是以半之得地之中也。"《礼记·月令》疏又引郑注《考灵耀》云："天傍行四表之中，冬南，夏北，春西，秋东，皆薄四海而止。地亦升降于天之中，冬至而下，夏至而上。二至上下，盖极地厚也。"又《文选》张茂先《励志》诗注引《春秋元命苞》曰："天左旋，地右动。"《河图》曰："地有四游，冬至地上行，北而西三万里，夏至地下行，南而东三万里。春秋二分，是其中矣。地常动不止而人不知。譬如闭舟而行，不觉舟之运也。"古人之言地动，本甚章明。虽其说不能若今世西法之精密，然当二千余年前，已著其理，则吾国古代历学之发达，诚可为世界之先导矣。往者泰西科学初入吾国时，世人每好刺取古书，妄相附丽，如谓光学出于墨子，电学出于亢仓之类，至迂谬可笑。予自幼入塾时，初闻其说，即心焉非之。惟地动之理，则确为先秦历象家之古说。两汉经师皆遵用之，非由附会，惜世人反遗而不能举也。

近人喜效日本新名词，一时遂有所谓学界、政界、商界、报界、善界诸名，令人阅之生厌；甚至有所谓花界者，则尤可谓语无伦次矣。又有最可笑者，予偶阅某报，见有色界二字，其语意盖语女色者云也。予尝闻色界为佛说三界之一，固非女色之云。因就问于吾友寥士君，君乃为说明其义。曰佛说三界，一欲界，二色界，三无色界。欲界者四趣，（四趣者：一地狱趣，二畜生趣，三饿鬼趣，四人趣。）及欲界六天也。此界男女相考，多诸欲染，故名欲界。色界者，自初禅梵天至阿迦腻吒天凡一十八天也。此界并无女形，亦无欲染，皆是化生，但有色质，故名色界。无色界者，自空处自非非想处开四天也。此界但有受想行识四心，而无形质，故名无色界。此佛说之界之略义也。内典文字，格律精严，凡所谓色者，皆指眼根所对之色尘言之（即寻常言语所谓一切有形可见者也），鲜有第举一色字以指女色者。新学小生读书既寡，徒集合数十新名词，辄操觚为文，登报行世，已为可晒，乃至并色界二字而不能解。（如色即是空一语，俗人亦每用以言女色与此同谬。）吁，晚近之世，文学陵夷，于斯可见矣。

予有一幼弟肄业于某校，曩当暑假休业时，自拟论文数篇，乞予评改。内有一《大禹论》，予阅之，盖满纸皆"大禹传子，不及尧、舜禅让之公"云云，一派酸腐语。予阅不终篇，头涔涔作痛。乃大笔书其后云："君主世袭之制，乃政体进化所必经之阶级，东西各国皆不能免此。禹之传子，本无足责，且吾国历史自黄帝以来，居位皆世及，何得以创传子之局一语，厚诬乎禹。即尧、舜、禹之相传，亦不过选自一家族之内（其世系详见于《史记·五帝本纪》），实无异于传子，与欧美民主之制固相去万里，亦与《礼运》所云天下为公，选贤与能之义迥殊。凡所谓禅让，所谓传贤，所谓公天下云云者，皆欺人之谈耳。今日读史，当具世界知识，细察古今社会变迁之情状，方能得历史真相。不可复存此等八股家之谬想也。"因思予弟方青年，乃其思想之迂腐一至于此！则彼校国文教师、历史教师之学识，亦可见于此矣。

《日知录》云："元者本也。本官曰元官。本籍曰元籍。本来曰元来。唐宋人多此语。后人以原字代之，不知何解。或以为洪武中臣下有称元官者，嫌于元朝之官，故改此字。"余闻郑所南先生自宋亡后，终身未尝作元字，与明人之讳元，所处之时虽不同，然亡国之痛则一也。抑余又闻雍、乾间文字之祸，动以一字一语兴大狱！当其至烈之时，虽"清风明月"亦为之讳。所讳者同，而所感则又各异矣。

《日知录》又云："文信国《指南录》序中北字皆虏字也。后人不知其意，不能改之。谢皋羽《西台恸哭记》本当云文信公，而谬云颜鲁公。本当云季宋，而云季汉。凡此皆有待于后人之改正者也。胡身之注《通鉴》至石敬瑭以山后十六州赂契丹之事，而云自是之后，辽灭晋，金破宋。其下阙文一行，谓蒙古灭金取宋，一统天下，而讳之不书，此有待于后人之补完者也。汉人言《春秋》所贬损大人当世君臣有威权势力者，其事皆见于书。故定、哀之间多微辞矣，况于易姓改物制有华夷者乎？孟子曰："不知其人可乎？是以论其世也。"习其读而不知，无为贵君子矣。"余谓顾先生抱故国之痛，其《日知录》全文，既藏之名山，不敢尽刊以行世，其所刊行者又往往多隐辞。后之人不独不能如先生所云改正而补完之，且竟有妄改妄删者。吾友寥士之《寒柏斋媵言》亦既发见一二矣。即如此条虏字不作虏而作卤，不云燕云十六州而云山后十六州，亦其一也。呜呼，知人论世，固若是其难哉。

日僧月照，以覆幕之役，负大名于天下。余读《日知录》，明嘉靖中有少林僧月空，受都督万表檄，御倭于松江。其徒三千余人，自为部伍，持铁棒击杀倭甚众，皆战死。宋靖康时亦有五台僧真宝，与其徒习武事于山中。钦宗召便殿，命之还山，聚兵拒金，昼夜苦战，寺舍尽焚，为金所得，诱劝百方，终不顾。曰："吾法中有□回之罪。吾既许宋皇帝以死，岂当妄言也。"怡然受戮。呜呼，若真宝、月空者，皆能执干戈以卫同种。而月空以三千人同战死，其事尤伟。乃知吾国缁流中固大有人，月照不足专美也。

近世瞀儒往往谓今日当言救国，不宜提倡佛氏厌世之教，而不知佛说之绝嗜欲，同死生，戒妄语，志普度，皆今日言救国者所决不可少之义。今人惟口谈救国，实则殉名死利，蔑视道德，固无怪其视佛说为畏途也。某氏谓佛氏厌器世间而不厌有情世间（以其求出三界而发愿普度众生故），与肥遁之士厌有情世间而不厌器世间者（以其遁世避人而邵乐山林故）回殊。寥士君亦谓佛教非厌世，非非厌世，询知言哉。

余向以为新学说输入，孔教将不破而自破矣。不料迩年以来，专制之政府倡之于上，无识之学者和之于下。于是奸人康有为之谬论，一旦死灰复燃，大有燎原之势。异哉！欲破孔教，当自六经与儒家分离始。六经非程、朱谈性理，自谓祖述六经，本于孔孟。实则灭裂经书，刍狗故训。其说经固大谬，且并非孔孟之学。吾今欲令六经与孔教分离，亦当令程、朱之学与六经分离，尤当令与孔教分离。盖程、朱亦自成其为一种哲学而已。至陆、王剽窃内典，得其粗而遗其精，尤与唐、宋以前学术不类。吾甚怪千数百年以六经、孔学、孟学、程朱学、陆王学混为一谈而评论之曰儒道也，甚矣专制之毒之烈也（自董仲舒罢黜百家，学界专制至今）。今欲各正其名，某君既为《改经号说》以正之矣。其余若孔丘，若孟轲，若程颐、朱熹，若陆子静、王守仁，皆属哲学中之一派，各有其宗旨，各有其学说，分而存之，不相杂厕，庶几有当云尔。至各派中优劣得失，让之他论。

胡元盗夏，尊崇己族，践踏华人，而于孔教尤所痛绝。说者谓儒家重尊攘之义，严夏夷之防，故忌之至深也。又其修《宋史》也，于《天文志》中，如胡兵大起胡主忧之类，改曰北兵北主。昂为胡星，故曰北星（惟北河下一曰胡河，则仍文不改，盖不能改也）。书中凡虏字皆改为敌。陈康伯《王大宝传》中至以金虏为金敌，意在隐讳，不复计其辞之不通矣。噫嘻，己固明明夷狄胡虏也，既以狙诈横暴盗取人国，遂禁人不得言攘夷，并欲使夷狄胡虏之名，不复再见于文字。其计则诚狡矣，如吾族之不可尽欺何？

自宋以前，郡邑之制，皆以县统乡，以乡统里（宋时《登科录》皆书某县某乡某里人），胡元始改乡为都，改里为图（说本《萧山县志》，《日知录》引）。图者，以每里册籍首列一图，故名曰图（说本《嘉定县志》，亦《日知录》引），至今相沿不改。俗又省其字作图（图乃鄙吝之本字，读为图谬）。案：古者邑有宗庙先王之主曰都，无曰邑（出左氏《春秋传》，《说文》略同），今乃以乡为都，而以县统之，已紊古制。乃至因里籍有图而改曰图，尤为不辞。古人有言曰："必也正名乎？"名之不正，莫此为甚。尝谓有明光复中土，凡胡之制度，自官服，礼教以至语言、姓氏，皆改复旧制，禁沿胡俗。独此都、图之名，尚存于今。言念及此，得不令人发思古之幽情乎。

甲子之名，古人用以纪日，不以纪岁（古之纪岁，自有阏逢以下十名为岁阳，摄提格以下十二名为岁阴）。人称甲子岁、癸亥岁云者，盖自东汉以后始。然犹必于干枝之上，冠以元年二年之数，无第称甲子癸亥者。惟《晋书》王廙上疏言："臣以壬申岁见用为鄱阳内史。"顾亭林先生云："按怀帝以永嘉五年辛未为刘聪所执，愍帝以建兴元年癸酉即位，中间一年无主，故言壬申岁也。后代人无大故而效之，非也。"余按近人纪岁，亦往往但称戊申年、己酉年，岂亦有神州陆沉，中原无主之感耶？抑蹈顾先生所谓无大故而效之之失耶？

康熙间大开博学弘词科（后以弘字避讳，以音义相同之鸿字改之），冀以网罗故明遗老，而预弭反侧之祸也。然当时诸故老皆以气节矜天下，耻食周粟，多死拒不就者。惟吴江潘耒为顾亭林先生高第，复曾及徐先生俟斋（名枋，字昭法）、戴先生耘野（名笠）之门。三先生皆节行皎然，可以厉俗。耒乃贬节应举授检讨，宁复有面目见三先生耶？宁都魏禧，亦当时名士，声誉籍甚。钱塘汪先生魏美（名沨）方以高隐负时望，禧往访之。先生谢弗见，禧留书曰："魏美足下：仆宁都魏禧也，欲与子握手一痛哭耳。足下以寻常游客拒之，则可谓失人。"先生省书大惊，一见若平生欢。观此则禧亦满腹牢骚之人也，乃其晚节亦同时应弘博之举。呜呼，古言文人无行，观此益信，甚矣气节之难言也。

顾亭林先生曰："《晋中兴书》言：樗蒲，老子入胡所作外国戏耳。近日士大夫多为之。安得不胥天下而为外国乎？"今则博撍既遍于闾巷（博撍见《汉书》。颜师古曰："博，六博；撍，意钱之属也。"案意钱盖即今翻摊之类），麻雀之戏，复由衣冠禽兽之官场，流毒及于士庶。荷兰牌、彩票，又皆南洋番奴之赌具也，今亦蔓延都邑，甚至列于奏办（湖北、江南及某部皆奏办彩票）。以皇帝而与庶民竞赌，尤为炎黄古国四千余年未有之奇祸。吾诚不料顾氏所谓胥天下为外国者，迄今已二百余年而仍未有改也。悲夫！神州陆沉，膻腥遍野。举吾先王之礼俗、政教、典章、文物，荡然无存。所触目者惟此侏离无教之俗，吾安得拨乱涤污法古用夏之王者，一举而廓清之乎？

儒家自汉武帝后，始专制于学界。二千年间，学者迷信孔氏，尊如帝天，不惟不敢越其范围，且并不敢有所论列。故今日欲为儒家定论，非取西汉以前学者之说，无由知其真相。余去岁因世俗妄人盛祝孔诞，倡尊孔之论，即欲取董生以前之论儒者，汇而辑之，附以鄙见，以作世俗有孔教热者之清凉散，顾忽忽未果也。至今岁，孔教之焰益炽，方欲握铅椠，适吾友抱香子已集《周秦诸子对于孔子之攻击》载于《时事画报》。异地一心，造车合辙，足征余见之不谬也。

自晚周诸子外，如太史谈之论六家要旨，亦百家未遭抑黜时之说也。其论儒家云："儒者博而寡要，劳而少功。是以其事难尽从。然其序君臣父子之礼，列夫妇长幼之别，不可易也。"下云："儒者以六艺为法，六艺经传以千万数，累世不能通其学，当年不能究其礼。故曰：博而寡要，劳而少功。"论尤持平，足定儒家之得失。合而观之，则孔子在西汉以前之真价值可见于此矣。

后之学者，不读书，不怀疑，徒以儒术为功名利禄所自出，遂不惜牺牲其天赋之思想自由，以迷信孔子。至于今日，东西大通，奴学解纽，而尊孔之论，仍有野火烧不尽，春风吹又生之象。八股之面目死，八股之精神不死。可哀也哉！

儒家以学者性质，藉仲舒、汉武之力，一变而为宗教。自汉讫今，二千年间之政教、风俗，几无不为儒术所熔铸。以不完全之宗教，而有此势力，诚世界宗教史上之变例也。

夫儒家立说之纲领何在？则所谓礼者是也。吾国历史，自尧、舜以来，虽皆尚礼治而不尚法治。然夏忠而殷实，犹以实事为尚，无所贵繁文缛节也。晏子所谓先王制礼不羡于便事（言便事而已，不求余也），此言可谓知本。

至于姬周，周公旦缘饰礼乐，仪文日繁。此为礼治极盛之时代。降至春秋，尚文达于极点，而礼治乃大坏。老聃、庄周、墨翟之徒知其敝也，乃倡为破乐废礼之论，冀挽末流。晚周诸子，宗旨虽各异，惟对于礼治则无不思所以破之。孔氏亦明知礼治之流失（于《论语》野人君子之论可以见之），然窥时尚所趋，未易更革，遂为苟且之论，以求合于世。其言曰："郁郁乎文哉！吾从周。"此为孔氏一生最大之主旨。观《淮南·要略训》云："孔修成、康之道，述周公之训，以教七十子，使服其衣冠，修其篇籍。故儒者之学生焉。墨子学儒者之业，受孔子之术，以为其礼烦扰而不说，厚葬靡财而贫民，服伤生而害事，故背周道而用夏政。"是可见从周、尚礼为儒家之主说，而儒之所以适存于世，较道、墨诸家为易行者，盖亦以此。故一经汉人之提倡，遂俨然宗教面目，而学之者皆重虚文，忘实事，亦遂成为国俗矣。

至于今日，政俗之败坏，已不可方物，而国人犹以礼教二字自豪，不惟其实惟其文。是故政治则重文法而鲜核实，学术则尚文学而轻实科，风俗则崇奢侈而厌简朴。其源导于姬周，其教则成于孔氏也。至儒教之影响于斯民道德者，其害尤烈。盖儒家之病本在务虚名、营禄位。孟子曰："孔子三月无君，则皇皇如也。"热中之情，宛然如绘。既骛名利，即立身不得不苟且，言行不得不诈伪。故墨子之非儒也，曰"污邪诈伪"；荀子之非儒也，曰"无廉耻"；庄子之非儒也，曰"缝衣浅带，矫言伪行，以迷惑天下之主，而欲求富贵"，皆能洞中儒家之失。自以儒家之道德为道德，于是热中虚伪之习，成为自然；汉世经师所谓"取青紫如拾芥"，所谓"稽古之荣"，一生志事，不外乎此。

唐宋科举制兴，而风俗益下，学士之卑污狙诈亦益甚。至于今日，科举废而学校兴，思想虽稍活泼，而气节之衰，奸伪之盛，乃为以前所未有。青年学子，所志者亦无外领文凭得奖励。盖始终不出"满朝朱紫贵，尽是读书人"，"幼小须读书，书中有金玉"之第二天性。此自儒家教祖所遗传，而学子搢绅，皆讼言运动，尤纯然游说传食之风气。嗟乎，种瓜得瓜，种豆得豆，其斯之谓乎。

孔子游说诸侯，自拟尧舜。其徒子贡，挟其货殖之资财，结驷连骑，扬孔子于列国侯王间，此诚古今第一之大运动家也。南海奸人康有为自称当今圣人，其一生行事，与此若合符节。嗟乎，康有为诚可谓善学孔子也。

> 1909 年 10 月狱中作，以丹水笔名发表于
> 《香山旬报》

不饮酒不吸烟与卫生
（1912 年 5 月）

吾人以卫生为改良人格之一要事，论者多不谓然。然试问人格何以能改良？断非如皞皞老儒，株守其三家村之伪道德，便可谓之人格改良者也。是故不得不求智识之高尚。智识高者明科学之真理，凡作一事，合乎科学真理者则谓之是，背乎科学真理者则谓之非。所作所为，必悬一科学真理以为衡，而一切背乎科学真理之恶习惯劣嗜好，皆不肯以身为殉。人格之日进于高尚，胥视乎此者也。卫生者，科学之真理，不卫生之事，所谓背乎科学真理之恶习惯劣嗜好也。吾辈希望社会之改良，而先望社会之分子（即个人）各自改良其人格，举一切违背真理之事，摧陷而廓清之，今卫生亦其一端也。

所谓违背卫生真理之恶习惯劣嗜好，亦至不一。而饮酒与吸烟，其最显而大者也。今将分别论之：

一、饮酒之害

酒之种类甚多，性质亦异，然其中最要之质，则必由"亚尔哥"而成。其质为"炭二轻六养"，即所谓"酒精"者是也。酒精之毒，能令脑内微血管忽然胀大，刺激过甚，脑筋因之疲困，脑质渐缩而变硬。久而久之，运用乏灵，渐成无用。各种神经病因之而起。（一害）酒质入胃，胃即发红，久之胃亦变硬而缩小，胃汁渐淡，失消化之功用，故好饮者必生胃病。（二害）酒毒入血，血液因之污浊，血输日渐收缩，不能合法收吸养气，并不能行其各职。（三害）饮酒后神经既受猛烈之激刺，一时兴奋过度，渐致狂乱，色欲亦因而大炽。（四害）其他发生心跳肝痛皮肤冲血诸病，更不胜枚举。其害如此，而人乃乐之以为甘，真无异于饮鸩而不知其毒者也。

大抵人之嗜酒，其因有三：一则酒能令脑血管涨大，脑因进血过多，一时兴畅意快；二则酒能令神经系麻醉，纵有忧郁失意之事，亦可忘去；三则酒能扩张表皮之血管，体温一时增加，似可御寒。酒有此三者之性，人遂以为酒之功能，而用之益多，遂成嗜好。不知脑筋既受激刺，忽现兴奋之状，迨兴奋期既过，身体精神皆脱力，其甚者遂成昏愦麻木之患。其所以能遣愁者，亦以酒精毒质，麻醉其脑筋，一时万事皆不复记忆，及酒气既过，脑筋疲乏，其闷抑必加甚。天寒饮酒，一时可以催其体温；及醉气既过，体温之亡失，亦必倍于前；反动及脑，则危害必生。故三者皆若偶见一时之利，而不知实有隐害者也。

二、吸烟之害

烟草之害比酒更难见，世人愈不留意，而以为无损。今特详引诸家学说以说明之。

司底尔氏云：烟草之烟，含料甚多，其主要者乃"炭养二"、"炭养"、"亚马尼亚"、"炭灰"、"尼哥丁"诸质。炭养二气使人昏睡头疼；炭养气使人肌肉战慄，心搏不均；亚马尼亚刺激唇舌，使咽喉干燥，兴奋睡腺；尼哥丁则强烈之毒质也（按即烟精）。以一二枝雪茄烟中之尼哥丁，射入人体，其人立毙。尼哥丁之质颇复杂，烟油中含之尤富。烟草燃烧时，一部分之尼哥丁，又化分为"劈立丁"、"劈哥林"等毒质。初吸烟者，毒先入血，传至全身，胃必不舒，多作呕吐，脑体发炎，旋患头痛，既则主动之神经亦受刺激，头部渐晕矣。此乃生理不容烟毒之明证。若一再尝试，渐能耐毒，酿成习惯，毒之浸入，将不复觉。是焉能恒久受毒而无病乎？彼肺脏、皮肤、肾脏，三大排泄器官首当其冲，日事排毒，初或不觉有害，久则病变叠出，终身之患矣。（中略）不仅身受者积久必病，行且遗传及子孙。盖势所必然也。

李石曾先生云：烟草普通之质，与寻常之植物略同。其特异之点，则含有烟精是也。烟精之含素，为"炭二十轻十四淡二"，其性毒烈，一滴之多，可杀狗于十五分钟之间。烧成之烟中所含诸质，为"烟精"与"淡轻三"、"炭养"、"炭养二"等。烟精固危险，余者亦极有损于卫生。人之受煤气而死，即为"炭养"、"炭养二"所致。烟既含此诸毒，其为危险损生之物，夫复何疑。惟烟中所含诸质无多，故其患不能立见。然积久则生弊，亦甚可危。吸烟者有伤胃、伤肺、伤脑、伤血、口干、喉肿、哑音、减味、耳聋、失目、健忘、作咳、心跳、无力、近老诸患。虽极凶恶可畏，而来之者渐，使人不能骤觉，往往身受其病。或因以致死，犹不知其故。今吸烟者日众，而不以为诫者，亦以此也。

烟叶中含有烟精，由百分之一二以至七八，就西人常用之烟而论，所含者百之二三。既经燃烧，其烟精散布于空气中，每烧百分之烟草，居此空气中人，吸收其烟精一分或数厘，自吸者则较多于此。今约计每人每日吸烟三钱，（大吕宋烟每枝重二钱，若每日吸四枝，则为八钱。埃及纸烟每枝四分，每日十枝，则为四钱。寻常纸烟每枝重二分，若每日十五枝，则重三钱。水烟每包重三两五钱，吸烟者恒十日或二十日尽之不等。约每日二三钱，平均计之，无论何烟，即作为每日三钱，必不为过。）即以百分之一烟精为计，每日计三厘。每年则一两有奇。以一生所吸之烟计之，当不下四五十两。一两之烟精，溶于水中，以滴为量，当以百计。一滴之多，足以杀狗，每人每年所吸约百滴之烟精，即能杀百狗之毒。一生所吸，即能杀四五百狗之毒也。若知某物含毒性，能稍为患，未有肯无故食之者，而今竟以能杀四五百狗之多毒，分日分年而吸收之，其背于卫生孰甚于此哉！

又某医生云：近来流行病中肺病最多，几于家家有呛咳之人，人人有痰涕之患，此因国人肺弱，加之烟之熏炙，则肺愈弱，微生物之侵入愈易。若香烟进口年盛一年，则吾人之患肺病者必日多一日。而每岁之死于此者亦必依几何级数而递增矣。盖人所赖以生者为养气，而养气之吸入，则全恃肺脏，若吸烟则增加秽毒于清净之肺中，日日熏炙，肺管及膜剧受刺激，痰涕愈多，受害较易。况吸烟之后，肺部必窄，呼吸必促，吸入之养气必减少，存留之根基气必愈秽浊。如此之肺，乃肺痨菌之发育场也。而欲免痨，其可得乎？顾或者曰：烟能提振精神，用脑之时，吸烟助之，其思考力益锐，此非烟之益乎？应之曰：烟非能有益也，特刺激神经，神经略现兴奋之状耳。请罕譬以喻之：烟之于用脑者，犹鞭之于马。马行迟则将执鞭以策之，马受鞭之刺激，必奋兴而疾驰。谓烟有益于人，犹谓鞭有益于马。鞭非滋养料也，不能助马之力，马受鞭，鞭固有损于马。烟于人亦然，不能增人之精神。神经之奋兴，乃受毒质之刺激，毒质非大有损害者乎？若欲增长精神，宜求补脑之法。犹欲马之尽其力，必先丰其刍豆，刺激物固不可用也。或又曰：烟能消毒，若近病家，秽气郁积，口衔雪茄，可免传染。应之曰：烟有消毒之力，某医报固曾载之。惟所失者大，而所得者小，故不应牺牲肺部、脑部、心脏、胃脏，而得此些微之消毒力。防口中微生物，可取消毒溶液嚼之。其利害视吸烟奚啻霄壤哉？或又曰：烟能辟秽，厕所或秽从臭气熏蒸，几不能耐，若吸烟则可以避之。此非烟之利乎？余曰：否。烟能避臭乎？抑臭避烟乎？二者不能相迥相避者也。盖人吸烟时，烟能麻醉其嗅神经，使臭气直达于鼻于喉于肺而毫不之觉；其受臭气一也。吸烟以避臭，所谓掩耳以盗铃耳，不得以为烟之利也。然则戒除烟癖，将从何法乎？则应之曰：戒之戒之，首在立志。精神一至，何事不成。若必欲借助于药品，则有"爱仆貌芬"可用以断癖。数日之后，即能戒绝。或用糖果代烟，思烟时即嚼糖果，不数日糖果亦不必食矣。

观以上诸家之论，当可恍然于此中利害矣。总而言之：酒烟二物，有损于卫生，有百害而无一利，可断计其为背乎科学真理之劣嗜好、恶习惯者也。在昔科学未明，误而为此，犹可说也。既知其害而故为之，必为知道者所不许矣。今世有明知其害，反藉口于交际上所不能免或借为消遣难于戒断为词者。夫人生交际，所以联络感情，联络感情之事亦至多，何必借助于烟酒？况君子爱人以德，倘其为文明之酬酢，道义之相交，更不应以有害之物，互相传播。若以为不妨随俗，则世有市井无赖，常借吸食鸦片挟妓饮酒为无上之交际法门者，吾辈见之，当以为何如？至谓借为消遣，不能尽戒，亦属无理。夫方今文物大进，消遣之事至多。如音乐、美术、游艺、体操等事，皆可以怡情遣性有裨人生。识者或以为改良人格之要素，当与生活品并重。独若烟酒，则伤生费财，纯为绝无益之嗜好，有文明思想者方避之若浼，安有用为消遣之理。若谓不能即戒，此更推诿之词，吸鸦片受毒最深，苟知其害，亦必戒断，况区区烟酒，无论如何，必不若鸦片之重，而谓不能戒，其谁信之？所贵乎明理之士者，即见义勇为，知过必改，今此戋戋者尚无拔除之毅力，更何大事之可言？自社会学与进化学发明，知吾人对于社会之改良、人类之进化，皆有直接应负之责任。即人人皆当自改良人格以助社会与人类之进化是也。欲人格之高尚，必所作所为，皆求合乎真理。倘明知其非而宁牺牲真理以殉不良之嗜好与习惯，所谓文明高尚者果何在耶？由今文明日进、学理日张之方针所向，可预决吸烟饮酒之事，必将断绝于世无疑也。

1912 年 5 月发表

录自《师复文存》

不用仆役不乘轿及人力车与平等主义
（1912 年 5 月）

　　自由平等之名，妇孺能道之矣。然有二事，绝对违背自由平等之公理，而人反习焉不以为怪者，即用仆役及乘轿、乘人力车是也。

　　阶级制度者，平等自由之大敌也。有政治则有治人者与被治者之阶级，有私产则有富人与平民之阶级。雇主与佣役，乘车轿者与车轿夫，即所谓富人与贫民阶级中之一部分也。由理论言之：欧美之资本家，以贱值雇贫民工作，己则渔其厚利；言社会主义者，掊击之不遗余力，至称之为强盗。以其掠夺劳动家神圣之劳力所获得之结果（即资财），而以为一己之私利也。用仆役及乘车轿者亦掠夺他人神圣之劳力所获得之结果（谓逸乐），而以为一己之私乐者也。何以言之？劳动家出其劳力，或治农，或治工，其结果为农产或工业品。此农产或工业品所得之利，皆劳力之所致，（其用以生产之材料机器及土地，亦皆由劳动家所制造及垦辟，资本家无丝毫之力。）即应为劳动家所享受。今其利乃尽归于资本家，而劳动家则为其牛马。故谓之掠夺他人劳力所获之结果。今用仆役者，可执最浅之厨役言之：厨役出其劳力所得结果，为精美之烹调品，此结果既为劳力之所致，亦应为劳力者所享受。今则工作者不得分享，而安坐堂皇之主人从而掠夺之。（他种仆役亦然。）轿夫车夫劳力所得之结果为"由此达彼"，然出此劳力者，本非"欲由此达彼之人"，是"由此达彼"之利益，出劳力者未尝享受，乘轿车者从而掠夺之，此与资本家之掠夺劳动家，其间相去能以寸耶？由事实言之：资本家夺劳动家所获之农工品，仍售之于社会，此社会尚间接得受劳动家之赐。在劳动家一方面，应得之利，虽被人掠夺，而已生产之物品，仍足以供给社会之需要，不失为有功于社会，人格未尝少损，表面亦无主奴之分。若用仆役与乘车轿乃掠夺他人之劳力以为一己之逸乐，在仆役与车轿夫一方面，则徒卖力以供私人之逸乐，而于社会未尝少补。人格已全归消失，与奴隶无异，其不幸视劳动家为尤惨。役之者损灭他人人格，其罪视资本家当更大。此仆役与车轿二者断不应存在之理由，用之乘之者特未之思耳。

昔巴枯宁尝曰："吾之所以自由，所以为人，因吾认他人之自由，敬他人之人格。因敬众人之人格，而亦敬我。若他人不自由，我亦不自由。他人若为奴隶，我之自由亦失。他人若无人格，我之人格亦减色。"由是言之：则用仆役与乘车轿者，不独灭他人之人格，侵他人之自由，抑亦不敬自己之人格，不尊自己之自由矣。

然有误认仆役与车轿夫为社会分功之一事而以为于理无害者。今请释之。在大同之世，人人平等，或为工程师，或为矿夫，或为建筑师，或为土木匠，其品位皆相埒，无尊卑贵贱之分，教育平等，智识齐一，所享乐利，一切平均。此时各就其力之所长，性之所近，人人执一有益于人之业，以成互相扶助之社会，所谓仆役之名，车轿之物，自然绝迹，此为分功之极义，亦即人类进化之趋点也。若在今日，则凡正当的职业，为人类生活所必不可缺者，如农工医术教育之类，必有人分任其事，然后可成社会，而断不能求备于一身，此在今日可谓之分功者也。（此辈在今日不正当之社会中，其地位容或有所不齐，然以吾人社会主义之眼光观之，则皆为最高尚神圣之职业，以其为社会生活不可一日缺者也。若如商贾、官吏、军人、律师、警察、娼妓、强盗等，或非生活所必需，或为社会之大害，皆不得为正当之职业。）至于奴隶的职务，如婢妾、奴仆、车轿夫等等，乃为丧失人格之人，牺牲神圣之劳力，以博他人之逸乐。既无益于社会，复无益于一身，社会进化必随而废灭。盖炊爨、洒扫、行走道路，皆人人之所能为，并非不能求备于一身之事，故不得为百工之一，即亦不能谓为分功，直可谓为奴隶之一种。此种悲惨无告之人类，吾辈稍具自由思想者，当为之疾呼解放，尚何忍借分功之说以自文其背理哉？

乃又有明知其非，而以虑仆役及车轿夫之失业为词者。请以一最浅譬晓之。赌之当禁，人皆知矣，其将虑赌徒之失业而开除赌禁乎？狭邪之当戒，人皆知之矣，其将虑娼妓之失业而以戒狭邪为非乎？吾知其必不然矣。仆役之不当用，轿与人力车之不当乘，其理同也。夫五官百体，人所同具，各有本能，断无除奴隶职业，一无所能之理。故吾谓不必虑仆役与车轿夫之失业，但使人人不用仆役，不乘轿及人力车，则凡为仆役、为车轿夫者，皆将去而别谋正当之生业。令今日社会上无量数可悯之夫，一旦恢复其自由之人格，岂不美哉？

1912 年 5 月发表

录自《师复文存》

废婚姻主义
（1912 年 5 月）

　　婚姻之制度何自起乎？讨论此问题者至多，其说亦不可殚诘。然吾敢简单断之曰：婚姻制度无非强者欺压弱者之具而已。

　　女子以生育之痛苦，影响及于生理，且累及于经济，此为女子被欺之原因。男子乃乘其弱而凌之，制为婚姻制度，设种种恶礼法以缚束之，种种伪道德以迷惑之，视女子为一己之玩物。男子别有所爱，可以娶妾宿娼，女子则不能。男子妻死再娶为合礼，女子夫死再嫁即为社会所不齿。背情逆理，无复人道，莫有甚于此者矣！

　　狡者知其然，乃创为补苴调停之计，即所谓一夫一妻是也。一夫一妻之制，表面似胜于多妻，而实际之不平等则一。证之欧美女子，事实上终不脱"男子之玩物"之范围。种种法律，亦惟男子是利。其结婚仪式，证婚者向新人宣告之言曰："夫应保护其妇，妇应服从其夫。"即此一言，欧美人之如何待遇女子，可谓肺肝如见。此由一夫一妻之制，终不出乎男子所制定，故必于无形之中，设为种种不平等之事，以遂其欺侮女子之私，表面上复得免多妻之恶名。其心视倡言多妻者为尤狡。而女子遂永堕奴隶之黑狱中矣。

　　言法律者乃为之说曰：婚姻制度，所以使男女二人互相维系，各有定分，意甚善也。则试问所谓互相维系之意何在？岂不曰既正式结婚之后，则男永为彼妇之夫，此女永为彼夫之妇。结婚制度精深微妙之义，不外如此。质言之则不过夫防其妇之苟合，妇又防其夫之苟合，借婚姻之名义，以互相牵制而已。夫妇者本以感情相结合，今乃设为名义，互相牵制，尚何爱情之可言？既非爱情，即为强制，夫妇而出于强制，则又何贵其为夫妇耶？且以事实论之：两人之爱情，苟其互相胶漆，永无二心，则虽无夫妇之名，而恋爱自由，亦可相共白首。此岂非男女间之美谈，又何必藉婚姻以相牵制。如其不然，则其心已外向，虽有夫妇之名，亦何能为。此时复以法律之势力，强制之使不得遂其自由，则横决藩篱，任情以逞，其害乃更不堪言。今世卖淫妒杀等悲惨黑暗之事，不绝于社会，皆婚姻制度为之阶者也。或者不察，猥曰：男女自由结婚，实行一夫一妇之制，复制定离婚律，使结婚之后不合意者得以解散。如是则婚姻制度可无害矣。为此言者，吾诚不知其意中所欲制定之离婚律若何。如徒以现今欧美所谓离婚律者言之，则种种限制，仍无丝毫之自由。盖必夫或妇有一同于法律所标出之事实发生（如外遇及虐待之类），经裁判所之审定，（男女两人之事，而必经此森严之裁判，可笑。）最少亦须以二人双方之同意，而后可以离异。苟其未有发生之事实，及虽发生而不经裁判之许可；或夫妇二人中，其一人爱情已离，而他一人不肯互允，即均不能离婚。夫如是则虽有离婚律亦何足贵耶？若谓别制一最自由之律，二人之中，苟一人不合意，即可随时自由离异，此则与所谓自由恋爱之说相去无几。所异者仅结婚仪式之有无耳。夫结婚仪式，不过借力于法律宗教及社会制裁，以拘制二人之自由，（欧美结婚须经裁判所之认可，及有在教会行礼之仪式，是谓借力于法律与宗教。设或去此二者，而但行礼宣布大众，则为借力于社会裁判。）今既可以随时自由离异，又何必为此无谓之举动耶？

吾人于是宣言曰：欲社会之美善，必自废绝婚姻制度，实行自由恋爱始。而有为之梗者则伪道德之迷信是也。故欲废婚姻，又必自破迷信始。

夫男女情欲，不过生理之作用，与饥食渴饮，同为一绝不足奇之条件。（饮食所以增补机体所需之质料，犹油所以增注灯中所需之质料也。机体中所余之质料不多，则觉饥饿，犹之灯中之质料不充，则灯光渐微。故饥饿乃为人体需增质料之表计，而饮食之目的，即为供人体之所需。人之交媾，与饮食之事不同，而为生理之一端则一。盖饮食所以补体质之缺，而交媾则所以减体质之盈。须增则饥饿生，须减则情欲动；情欲为须减之表计，犹饥渴为须增之表计也。故交媾之目的，即所以减其所宜减，而非有奇异之作用者也。以上节录某君之说。）但饥渴而饮食，其事只属之一人而止，若情欲动而交媾，则其事不仅属之一人，而必须男女二人之相配。夫二人相配之事，纯为二人之自由。苟其两人相爱体力年岁相适，因而相与配合，此实中于公道，必不容第三人之干涉，亦无事设为程式。此自由恋爱之真理也。顾人之饮食，有过多而生病者，有不应食而食亦足以生病者。人之交媾亦然，有过多而生病者，有不应交而交亦足致病者，故明卫生者不敢纵情欲而滥交，犹慎食者之不敢徇口腹而滥食。此乃卫生之真理，而不必以礼义廉耻贞淫等伪词相制者也。

贞淫之说，不过没尽天良之男子，用以欺压女子之谰言。女子二夫则谓之不贞，男子多妻，则为所谓帝王圣贤所制定之礼义法律所明许。甚至于外遇狎邪，社会上亦未尝以为不可，而无或加以不贞之名。然则所谓贞淫之说，显然男子借以束缚女子之具，出于垄断妒忌之私心，而非所论于公道也，非所论于真理也。男女二人之配合，必体力、年龄、性行、智识等等，两两相适然后可。而人之体力智识，无永久不变之理（即或有之亦极鲜矣）。及其既变之后两人之情意，必有不适，自当随时离异。如人之交友焉：合则订交，不合即割席，此固极平庸之道理，无足为异。若其既离之后，或别与情意相适者合，此亦合理之自由。盖当其与甲恋爱之时，出于两人之合意，为正当之配合，及既离之后，别与乙恋爱，亦出于两人之合意，亦为正当之配合。既前后两者皆为正当，即不得訾议其非。更何贞淫之足云哉？

吾尝谓男女之交媾，约可分为三类。一以财交，即非二人之合意，一方面以金钱买他人与己交以遂一己之欲，一方面欲得人之金钱卖其身以遂他人之欲者也。（如狎妓、卖淫、买妾、养俊仆及以财诱婚诱奸者皆是。）二以强权交，即非二人之合意，一方面挟其势力迫他人以遂己之欲，一方面迫于强权不能不从之以遂他人之欲者也。（如强奸、迷奸、抢婚、迫婚等，及支那之专制婚姻，素不相识，迫于法律之强力，为妇者有与夫交媾之义务。皆此类也。）三以爱情交，即以二人之合意，各遂其情欲，为生理上正当之作用者也。以上三者，孰为合于公理？孰为正当之自由？虽三尺童子，当能辩之矣。乃世人宥于社会之伪道德，迷于圣贤之邪学说，以强权之婚姻为正当，而合于公道真理之自由，则立为种种不美之名以污蔑之，曰私通，（实则最正当之爱情，何得为私？）曰和奸，（既曰和，又何得谓之奸？奸者干也，凡非二人同意，而以一人之私欲，干犯他人之自由，如所谓以财交以强权交者，皆奸之类也。若自由恋爱，则只可谓之爱情，谓之配合，而并无奸之可言。）曰苟合，曰野合，（春秋以前，男女恋爱，尚可自由。观卫郑风诗可证。自孔子倡为男女间种种之恶礼法，逐周公制礼之波而吹扬之，于是男女间之束缚愈甚，其流毒至于今日而未有已。实则叔梁纥与徵在野合而生孔子，见于《史记》，确有明征。而彼乃盛说礼法，可谓不自知其身之所由来。今人亦动以野子为辱人之丑词，而不知彼所最迷信之大成至圣孔子先师，固一有名之野子也。）曰淫奔，（雨过多谓之淫，人交合过多亦谓之淫。淫则有碍于卫生，故爱己者不肯为。非因其不合于礼之谓也。至若男女相慕悦相过从，苟其出于二人合意，又非过多而害卫生，则实最平常最正当之事，无所谓淫，更不必以为耻。）此种迷谬之说，既中于人心，习非成是，牢不可破。故一闻自由恋爱之说，则訾议纷起。至可痛矣！其无识者流，更或谓与娼妓无异。不知自由恋爱，非一般纵欲之淫贼、卖欢之娼妓所得而假借者也。既曰恋爱，即明明两相爱悦；既曰自由，又无丝毫之勉强，各出于爱情与生理之自然，尚何不正当之有？若娼妓者，在彼以金钱之故，卖身以求苟且之生活，其不幸实为可悯。狎之者恃其金钱，侵人自由，灭人人格，违戾公理，莫此为甚！与自由恋爱之理，盖适相反。故一切以金钱、以强权背公道、碍卫生之交合，皆吾人所极端反对。而两相爱悦又无勉强之机会，值之不易，单方之相慕，则末由实行，此即所谓文明程度愈高，而淫纵之肉欲愈减者也。而愚者乃以为导淫，抑何其误会之甚耶？

抑自由恋爱之不能行，除伪道迷信外，尚有一事为之阻者，则女子之经济不能独立是也。婚嫁者，无异立一卖契，女子属于男子，如产业然。女子既为男子所私有，于经济界不能与男子平等，仰其鼻息，以为生活，愈倚赖则愈服从，愈服从则智识愈卑下，智识愈卑下则独立生活之能力愈消失。故今日提倡废婚〈姻〉主义，即所以唤起一般女子之自觉心，急谋养成独立生活之能力以恢复其本来之人格者也。

1912 年 5 月发表

录自《师复文存》

废家族主义
（1912 年 5 月）

　　吾人常宣言曰：家族者，进化之障碍物也。家族之起源，由于婚姻；家族之界域，成于族姓。故废婚姻，所以去家族之根源，废族姓，所以泯家族之界域。二者相为表里者也。

　　自有婚姻制度，乃有家庭。己所生者为之子女，同族系者谓之宗族。亲疏之见，如鸿沟然。相沿既久，习以为常。由一家而至于村于邑于国，重重畛域，联环而生。国界种界于是乎起。

　　世界进化，国界种界，不久将归于消灭，故家庭必先废。

　　社会者，当以个人为单纯之分子也。自有家族，则以家为社会之单位。个人对于社会，不知有直接应负之责任，而惟私于其家。人人皆私其家，而社会之进化遂为之停滞。

　　财产者，世界之公物，非人所得私有也。自有家族，老者计积蓄，少者冀承产，无人无日不以私产为念。竞争既久，遂成今日贫富悬绝、黑暗悲惨之社会。

　　人人平等，无能相辖。自有家族，而青年男女遂皆卑屈服从，无复独立之人格。支那人有恒言曰：有夫妇而后有父子，有父子而后有君臣。故家族者专制政体之胚胎也。

　　欧洲古代男子待其家人如俘虏，及乎中世，犹有罚妻杀子之权。法国大革命后，家庭权力乃渐减缩。将来必低至零度而后已。若在支那，则今日仍为家长跋扈之时代，所谓大族大家者尤甚。以纲常名教之毒中之最深故也。

　　吾尝谓支那之家庭，非家庭也，一最黑暗之监狱耳。此监狱由婚姻为墙基，族姓为砖石，而纲常名教则为之泥土，黏合而成一森严牢固之大狱。家长其牢头，多数可怜的青年男女其囚徒也。此等狱囚，既饱受牢头之苛待，复习熟牢狱的生活，一旦牢头既死，即继之而为后此诸青年男女之牢头。数千百年，蝉联递演。支那之男子遂无一人非囚徒，亦无一人非牢头。其女子则始终为囚徒之囚徒，噫可怜不可怜！

欲破此大狱，其惟婚姻革命乎，族姓革命乎！而助此二者之实行，则纲常名教的革命也。谈纲常革命者，莫善于某氏之三纲革命。附录于后，以代吾说。

去迷信与去强权，二者皆革命之要点。因此二者互相维持以图保存者也。所谓三纲，出于狡者之创造，以伪道德之迷信，保君父等之强权也。

迷信与宗教为一流，与彼相反者，则科学之真理。若取迷信与科学比较其异同，则是非易决矣。

（甲）宗教迷信：（一）君为臣纲；（二）父为子纲；（三）夫为妻纲。纲领者犹统辖之意也，是臣、子、妻皆被统辖者也。

（乙）科学真理：（一）人人平等；（二）父子平等；（三）男女平等。以真理言之，孰有统辖之权，孰有服从之义，故一切平等。

（甲一）君为臣纲（略）

（乙一）人人平等（略）

（甲二）父为子纲

就伪道德言之，父尊而子卑；就法律言之，父得杀子而无罪；就习惯言之，父得殴詈其子，而子不敢复。

因强弱之异势，迷信之谬误，故父尊而子卑，父得而统辖其子，于是父为子纲。父之知道明理者，固不肯恃强欺弱，侵其子之权，其他则以此伪道德保护权利之具，侵侮其子，无所不至。故纲常之义，父之明理者固无所用之，而用之者皆暴父而已。

至子之恶者，虐待其父母，偶或有之。然彼固无畏乎所谓圣贤，所谓纲常。至良善之子，必善养其父母，固无所用于圣贤与纲常者。

就暴父言之，纲常伪义，徒以助其暴。就恶子言之，则不足以减其恶。

且恶子较暴父为少，偶有之，安知非因累世之恶感情所致耶？总之三纲之伪德，有损而无益。

暴父之待其子也，当其幼时，不知导之以理，而动用威权，或詈或殴，幼子之皮肤受害犹轻，而脑关之损失无量。于是卑鄙相习残暴成性。更使之崇拜祖宗，信奉鬼神，以成其迷信，而丧其是非；更教以敬长尊亲习请安拜跪，炼其奴隶禽兽畏服之性质。及其壮也，婚配不得自由，惟听父母之所择。夫男女乃两人之事，他人亦竟干涉，此乃幼时服从性质之结果而已。及其父母死，而复以繁文缛节以累之，卧草食素，宽衣缚其身，布冕蔽其目，逢人哭拜称曰罪人。

呜呼，父母之死也，其子哀伤，出于自然。然其死也，乃机体衰老生理之关系，子何罪乎。其子当哀伤劳苦之际，奈何反使之背于卫生瘁其精力。

夫哀伤与眠食不安，乃出于自然，本不必他人教使。而彼狡者自以为圣贤，从而制礼以提倡之，而彼愚子暴父，自以为尊崇圣贤，从而效之于幼教之于长，相习成风而其结果则为子孙加此一种迷信。此迷信所以保存父母死后之余威也。

总之为子者，自幼及长，不能脱于迷信与强权之范围。己方未了，又以教人世世相传，以阻人道之进化，败坏人类之幸福。其过何在？在人愚。乘其愚而长其过者，纲常伦纪也。作纲常伦纪者，圣贤也。故助人道之进化，求人类之幸福，必破纲常伦纪之说。此亦即圣贤革命家庭革命。

（乙二）父子平等

就科学言之，父之生子，惟一生理之问题，一先生，一后生而已，故有长幼之遗传，而无尊卑之义理。就社会言之，人各自由，非他人之属物。就论理言之，若生之者得杀被生者，则被生者亦得杀生之者。既子不得杀父，故父亦不得杀子。

父之杀子与殴詈其子，非出于理，而出于势力。势力即强权，乃反背真理者也。

科学真理，一本于自然，不外乎人道。父人也，子亦人也，故父子平等。子幼不能自立，父母养之，此乃父母之义务，子女之权利；父母衰老不能动作，子女养之，此亦子女之义务，父母之权利。故父母子女之义务平、权利等，故父母之于子女无非平等而已。此即自然之人道也。人生于世间，以世间之物为生活，此物非属于甲，亦非属于乙，非属于父，亦非属于子，惟属于众人而已。此至公也。既有家庭，则易公而为私，爱己而忌人。曰我之子，故我爱之。于是慈之说出，推此以求，则人之子遂不爱。曰我之父，故我爱之。于是孝之说出，推此以求，则人之父遂不爱。所以爱我之父，我之子，是因其与我近。然父之与我近，子之与我近，究不若我之与我近。故孝也，慈也犹不若其自私之为甚。故父愿其子孝，且用强迫威骇以得之，而子变为奴隶禽兽矣。故孝者，父之私利也。子欲其父慈，欲其有利于己（产业），用媚以求之，或以孝之美名为升官发财之运动法。于前之说（遗产）则父母为牛马，于后之说（孝之美名），则父母为傀儡。故慈者子之私利也。若顺乎科学公理，人当本于构造生理，各尽所能，各取所需。

若路人有所需，不能因其为路人，不与之不助之。若父母或子女无所需，不能因其为父母或子女遂夺他人之分，而特别与助之。

慈孝者，私之别称也，若世人不私，则无所用其慈孝，即世人慈孝（博爱）世人也。

博爱平等，公之至也。慈孝与博爱，及公与私，皆成反比例。然慈孝有害博爱平等，而博爱平等无损于慈孝，且有益之。因慈孝只利于我之近者，推而及于自利，博爱平等是利众人。众人利我与我之近者自在其中矣。

人道进化程度愈幼稚，慈孝之风愈盛，而博爱之力愈薄，因各私其私也。今之世界，纯然自私之世界也。经济问题，其一大阻力。若经济平等（共产实行），人人得以自立，互相协助而无所用其倚附。是时也，有男女之聚会，而无家庭之成立，有父子之遗传，而无父子之名义。是时也，家庭灭，纲纪无。此自由平等博爱之实行，人道幸福之进化也。

今其时虽未至，而进化之趋向已进矣。

家庭革命，圣贤革命，纲纪革命，所以助人道进化者也。

（甲三）夫为妻纲

就伪道德言之，夫尊妻卑；就法律言之，夫得出妻，妻不得离夫。夫执奸（两人之真爱情，反谓为奸）杀妻无罪而得奖，妻杀夫则为凌迟之罪。（妻之杀夫因爱他人不得而为之者百之九九，阻妻之爱他人者，妻之杀夫非妻之罪也。）

就习惯言之，夫嫖则为当然，然妻与人交，则为失节。（因夫得嫖，且得有多妻，故无杀妻之事。然非夫之性善也。）

因强弱之异势，迷信之谬误，故夫尊而妇卑，夫得而统辖其妇，于是夫为妻纲。夫之知道明理者，故不肯恃强欺弱，侵其妻之权，其他则以此伪义，为保护权利之具，侵侮其妻，无所不至。故纲常之义，夫之明理者固无所用之，而用之者皆为暴夫而已。是故纲常之义，不外乎利于暴夫而已。

虽有知道明理之夫，而其妻不得脱于迷信之习惯，此非夫妻一部分之问题，乃男女普通之问题也。

（乙三）夫妻平等

就科学言之，男女之相合，不外乎生理之一问题。就社会言之，女非他人之属物，可从其所欲而择交，可常可暂。就伦理言之，若夫得杀妻，则妻亦得杀夫；若妇不得杀夫，则夫亦不得杀妻。若夫得嫖，则妻亦得嫖。此平等也，此科学真理也。

科学真理，一本于自然，不外乎人道。夫人也，妇亦人也，故夫妇平等。

人生于世间，各有自立之资格，非属于甲亦非属于乙，妇不属于夫，夫不属于妇，此自由也。既有家庭则易自由为专制，曰我之妻，我爱之而忌他人爱之，曰我为尔夫尔当爱我，而禁其爱他人。是以玩物产业待女人也。自私也专制也。

若顺于科学公理，人当本于构造与生理，各从其欲，各为其所宜。

人道进化程度愈幼稚，女人愈不自由；愈进化，男人专制愈减。今之世界，纯然自私之世界也，经济问题其一大阻力。若经济平等，则人人得以自立，聚散自由，有男女之聚处，而无家庭之成立。是时也，家庭灭，纲纪无。此自由、平等、博爱之实行，人道幸福之进化也。今其时虽未至，而进化之趋向已进矣。

家庭革命，圣贤革命，纲常革命，所以助人道进化者也。

实行政治革命，经济革命，皆不能免激烈之作用。因革命之主动者，与反对党性质正反，必有冲突故也。

至家庭革命则无激烈之作用，惟改革其思想可也。因今之父母，即昔之子女。若其回思昔日所受之压制，不合于人道，则其将行恕道，不以己所不欲者施之于其子女也。今之子女，亦即日后之父母，若其知父母不当以某事某事压制之，则当彼为父母之时，亦当行恕道，不以己所不欲者，施之于其子女也。故父母子女皆得而作家庭革命党，助此革命之实行者。

一曰尚真理以去迷信，此思想之革命也。（直接）

二曰求自立以去强权，经济革命与有切要之关系也。（间接）

1912 年 5 月发表

录自《师复文存》

心社意趣书
（1912 年 11 月）

今天下风俗之昔窳，民德之堕落，亦云至矣。究厥原因，实由现社会之伪道德、恶制度有以养成之。同人悯焉，爰组斯社，坚卓之志。取单简之途，立为戒约，互相切磋，期破坏一切伪道德、恶制度，而以公道的、真理的新道德、良制度代之。非常之原，黎民所惧，知我罪我，是在春秋，同人等惟行其心之所安而已。当世同志盍兴乎来。

本社相约力行之事如左：

（一）不食肉（以有知觉能运动之生物为限，若牛乳鸡卵等得在戒外。）

（二）不饮酒

（三）不吸烟（以上三者，若病时用作药品者，得在戒外。）

（说明）以上三者，皆人生最粗暴最污浊之嗜欲也，故欲成高尚之人格，保清明之志气，必自戒斯三者始。

（四）不用仆役

（说明）奴隶制度之不合人道，夫人皆知，故买卖奴婢，稍自爱者亦能自免。独对于雇佣，则罔觉其非，或明知其非，而不肯废。讵知雇佣之与买奴，其名不同，而不平等则一，灭他人之人格，长自己之骄志，世有以为不能废或不必废者，皆所谓狃于私意，见义不为而已。

（五）不坐轿及人力车（病者、老人、幼子不在此例。）

（说明）肩舆人力车二物，在欧美久已绝迹，而以东洋诸国人之眼光观之，乃习而不以为怪，此文明程度比较高下之一征也，顾世有心知其非，而以不坐车轿则车轿夫将至失业为词者，请以一最浅譬晓之。赌之当禁，人皆知之矣，其将虑赌徒之失业而开除赌禁乎？狎邪之当戒人皆知之矣，其将虑娼妓之失业，而以戒狎邪为非乎？吾知其必不然矣。

肩舆与人力车之不可坐，其理同也。故吾谓不必虑车轿夫之失业，但使人人不坐轿、不坐人力车，则凡肩轿子、拉人力车者皆将去而别谋正当之生业，令千百万可悯之夫，一旦恢复其自由之人格，岂不美哉。

（六）不婚姻（其已结婚者，须以二人之同意解除夫妻名义。）

（说明）人无男女，皆有独立之人格。重男轻女之俗，以女子为男子之玩物，其为不道固不俟言；即所谓一夫一妻者，名为平等，而甲为乙夫，乙为甲妻，明明已以甲为乙所专有，乙又为甲所专有。既曰所有，即无异以人为物矣，乌有人人平等之世，而可以谁某为谁某所有者哉？不宁惟是，有婚姻则有父子，父子者，不平等之甚者也。有婚姻则有家族，有家族则有遗产制度，遗产者又不公之甚者也。又不宁惟是，婚姻有永久之性质，而人情之结合，无永久不变之理，情既离矣，而社会之恶法律、伪道德复从而缚束之，以离婚为不详，以苟合为耻辱，于是乎狎邪妒系杀等罪恶纷然以生，而社会遂无光明和乐之幸福矣。故吾敢断言曰：欲社会之美善，必自废绝婚姻制度，实行恋爱自由始。今唯有本会社友毅然行之，以为社会倡。婚姻既废，遗产制度同时可灭。社友之有财产者得自由集合，组设公共产育院，为女社友产子育儿之所（此为各社友之自由事业，本会绝不干涉）。斯时无父子，无夫妇，无家庭之束缚，无名分之拘牵，所谓不独亲其亲，不独子其子者，斯不亦大同社会之权舆欤？

（七）不称族姓

（说明）人类之初，无族姓之界域也。远者姑勿具论，即以支那现今之民族言之，既人人皆自命为黄帝之子孙矣，则芸芸四亿之众，同出一祖，即当同系一姓，又何有为张为李者之俨如异类乎？且自达尔得文进化论兴，其学说已为世界所公认，是则人类远祖同出猿猴，五洲万国几百族类莫非昆弟，又何一族一姓之可言哉？族姓者，自私之物也。有族姓则有长幼等卑之名分，长者尊于天，幼者卑于地，蔑视公道，丧失人格，莫此为甚。希望世界平等者，焉可不先去此平等之蟊贼邪！有族姓则有界限，由族界而县界、省界，由县界、省界而国界、种界，小则为乡族之争斗，大则为国际之于戈，戕贼人道，扰乱和平，皆自此起。希望世界大同者，又安可不先去此大同之障碍物邪？顾或者曰：废族姓，无父子，然则老者将何所养，而幼者又所依乎？则应之曰：老人幼子在理有受人供给之道，今之所谓无父子者，亦去其不平等之名分而已，岂教人不爱老不慈幼之云哉。要之，本社俟社友稍众，即不可不发起三事：一、公共产育院，已于前条言之；二、公共养老院，即各社友前日家族内之老人得入院休养者也；三、女子习艺院，即各社友前日家族内之妇女得入院习艺，伸他日生活上能自立者也。三者皆当由各社友自由组织之，其章程办法亦当由创设者自定，本社惟有赞助，绝不干涉。盖遗产制度既废，斯三者自然易举。至是，则本社主义庶无遗憾矣。

（八）不作官吏

（九）不作议员

（十）不入政党（曾入党者，可即脱党。）

（说明）有受治之平民，而后有治人之政府，政府者，强权之所树也；官吏者，使用强权者也；议员者，制定强权之法律以授之官吏者也；政党者，官吏议员之营业场也，故三皆强权。强权即平民之敌也。又自其现象言之，中国固不必论，即所谓最文明之共和国如美利坚，其政治之污点（如贿赂运动等），政客之官狂，乃为东方人所未见，其国之有心人至以"政治家"三字为诟病。此无他，矢人唯恐不伤人。一入政途，亦必先灭去其几分之良心，而后可适存于政治社会，虽有贤者，莫能自脱。故官吏、议员、政党三皆污浊之薮也。而有志者顾甘为平民之敌耶？甘入污浊之薮耶？

（十一）不作海陆军人

（说明）海陆军皆杀人者也，扰乱和平者也。一将成功，万骨已枯，军费扩张，加税累累，战胜国之利，政府与富贵者之利，而平民之害也。自社会主义昌，人人皆加国界之当泯，此爱尔卫氏反对军国主义论之所由盛也。是故欲世界大同，必自弭兵始；欲弭兵，必自人人相戒，不作海陆军人始。

（十二）不奉宗教（其曾奉教者，自入社日作为出教。）

（说明）神者（佛与祖宗亦神之属），无形之强权也，而宗教以之。有强权则不平等，有强权则不自由；人欲平等自由，即当反对宗教。况自进化学昌，宗教之虚妄，已妇孺皆知者耶？然此犹但就有形式之宗教言耳。有无形式之宗教焉，即所谓圣贤之教是也。古今一切之伪道德、恶制度，皆一般狡者造作之，现社会千万亿兆之罪恶无非此辈所流毒也，世乃崇信其说，名之曰圣贤，奉之为师表，实与认贼作父无异，故本社并所谓圣贤之教亦彻底废绝之。

凡能力行以上十二事者，无论何人（无国界、男女之别）皆可为本社社友。欲为社友者请以函通知本社，俾将名字列入社友录及登之报端，以为嘤鸣求友之助。函内请注明下列各款：一名字，二年岁，三男或女，四曾否结婚，五曾否生子（已生子者注入人数男女年岁），六曾否入政党，七曾否奉教，八通信地址。

凡愿力行以上各事，而因万不得已之故不能全数实行者，可叙明理由，作为本社赞成人。

（说明）所谓不得已者，如现为军人，而为法律所束缚之故不能脱籍，须待期满者；又如前已结婚，而夫或妇一方面之宗旨不同，限于法律不能离异者类是。

本社无社长、干事等名称，无章程，无罚则，倘有既入社而不能守约者，得随时声明出社（赞成人亦可随时除名）。其既不守约又不出社者，本社亦无从施以罚条，惟望其本人自抚良心，翻然愧悔而已。

发起者：　师复　彼岸　纪彭

本社通信处：　广州西关存善东街八号晦鸣学舍

《社会世界》5 期，1912 年 11 月

《晦鸣录》编辑绪言
(1913 年 8 月 20 日)

　　二三人相聚读书论道于一室，名之曰晦鸣学舍，又取其所读论者，借铅椠纸墨布之于外，从而名之曰《晦鸣录》。其在宇宙，直微尘耳，非所敢列于当世报章杂志之林也。虽然，真理之在天地，本无所间于远近大小，惟潜心澄虑不为物蔽者乃得之。故二三人其势虽微，苟能以正确之真理为准的，不蔀于一家之学说，不囿于一党之瞀见，独立不倚，以达吾良心上之是非，其所言乃往往足以代表真理，而为人人心中所欲言。斯则所谓"平民之声"矣。

　　《晦鸣录》既以平民之声自勉，其言论即直接为平民之机关。今天下平民生活之幸福，已悉数被夺于强权，而自陷于痛苦秽辱、不可名状之境。推原其故，实社会组织之不善有以致之。欲救其弊，必从根本上实行世界革命，破除现社会一切强权，而改造正当真理之新社会以代之，然后吾平民真正自由之幸福始有可言。《晦鸣录》所论列，即悉本此旨。斯非瞭亮优美之平民之声乎？

　　今敢约举所纪载之纲要于下：

　　共产主义；

　　反对军国主义；

　　工团主义；

　　反对宗教主义；

　　反对家族主义；

　　素食主义；

　　语言统一；

　　万国大同。

　　此外，凡一切新发明之科学，足为生活改良人类进化之母者，亦得附载。并以希望语言统一之故，特设世界语部。一方面传达世界语于支那，一方面披布支那社会之真相于全世界。复以世界语及华文两者征集文件，互译而并载之，使东西两文明日益接近。行将导东亚大陆之平民与全世界之平民在携手而图社会革命之神圣事业。支那泱泱大国，固不乏深识远虑之士，其诸有以教我乎？

《晦鸣录》第 1 期，1913 年 8 月 20 日

亦见《师复文存》

无政府浅说
（1913 年 8 月 20 日）

政府果为何等之物乎？果于吾人类有何等之利益乎？吾人饥则食，寒则衣，能耕织以自赡，能筑室以自安，能发明科学以增进社会之幸乐，无取乎政府之指挥也，亦无需乎政客之教训也。自有政府，乃设为种种法令以绳吾民：一举手一投足，皆不能出此网罗陷阱之中，而自由全失。世界之人类，皆兄弟也，吾人本能互相亲爱，政府乃倡为爱国之论，教练行凶杀人之军队，以侵凌人国为义务，于是宇宙之同胞，互为仇敌，而和平全失。是故政府者，剥夺自由，扰乱和平之毒物也。

政府果何自起乎？曰起于强权。野蛮之世，一二枭悍者自据部落，称为己有，奴役其被征服之人，复驱其人与他部落战，互为敌国；此国家之由来，政府之从出。自今思之，无价值已甚。彼时兽性未去，固无怪其有此，顾今则已由兽域而入于人境矣，以光天化日之人境，而留此兽域之产物，果何为者乎？

政客乃为之辩曰：政府之作用，将以为民御外侮平争端，而非以凌人也。则诘之曰：凡政府皆不凌人，又安得有所谓外侮？必政府本为凌人之物，然后得藉御侮之说以自饰。且即以御侮言之，两国相争，必有胜败，果胜者为能御外侮为良政府乎？则其能胜者必其能凌人者矣。今世之所谓列强皆是也。至于人民之争端，亦非政府所能平之也。夫政府所执之法律，不过集录社会固有之习惯而已。（此为近世无政府大家克鲁泡特金之说。）使习惯而可敬守也，则已无可争；既有争矣，又岂其固有之习惯所能平之者乎？争之根源固别有在，不清其源而欲治其流，吾未见政府之能也。

今世界政府之恶已显著矣，欧美之民，已渐知政府之无用而厌恶之矣。无政府主义之发明，既如旭日当空，无政府之世界，不难实现者也。

愿世人之闻无政府说者，胸中往往有数疑问同时并起，今当有以解其惑。

疑者曰：无政府则无法律，无法律则秩序破坏而扰乱以起。释之曰：法律非能止社会之扰乱者也。扰乱之起由于争，人之有争，由于社会组织之不善，非法律所能为力。观于都市之地，法律最严密，而争讼犯罪者最多；乡野之地，往往为法令所不及，而争讼犯罪者绝少。此法律无益于社会之明证。人之生也，必求满足生活之欲望。生活之欲望在衣食住，衣食住赖乎物产。物产者，土地生之而人力成之者也。故论正当之道理，凡能出力以致此生产者，当然能满足其生活之欲望，乃事实则不然。社会之私产制度既成，有金钱者斯得最高之生活，而不必为出力生产之人。人见金钱之万能也，于是相率而金钱是争，纷纭扰攘，孳孳屹屹，无或出此。争之而得，则骄奢淫佚，视同类为牛马；不得则弱者转沟壑，狡者习诈伪，拙者卖身（奴婢妾）、卖力（雇佣及车夫）、卖皮肉（娼妓）以为苟且之生活。其强悍不驯者则铤而走险，以劫掠为生涯，视杀人为儿戏，于以成今日悲惨黑暗、罪恶危险之社会。究其原因，则莫非私产制度为之阶，虽有法律，曷足济乎？无政府则剿灭私产制度，实行共产主义，人人各尽所能，各取所需，贫富之阶级既平，金钱之竞争自绝，此时生活平等，工作自由，争夺之社会一变而为协爱。既无所可争，又何扰乱之足虑哉？

或又谓人民程度不一，教育未普及，一旦无政府，未明真理者尚多，必有率其旧社会之恶习惯以为不秩序之行为者。此说为反对急进派者最普通之论，即今日之心羡无政府主义者，亦往往怀此心理，以为必俟教育普及，然后无政府可实行，因之不敢主张急进者比比然也。不知人类道德之不良，由于社会之恶劣；社会之恶劣，由于有政府。若万恶之政府既去，人类道德，必立时归于纯美，不必俟久远高深之教育者也。何以言之？强盗劫掠，今世之所谓不道德之行为也。然盗之源起于贫，人之有贫，由于富人之垄断财产。富人之所以能垄断世界公有之财产而贫民莫敢谁何者，以有政府法律为之保护也。若无政府，则私产制度同时废绝，世界之产物，世界之人共作之共用之，既无贫富之阶级，强盗劫掠之事，自然绝迹于世矣。杀人者，今世之所谓不道德之行为也。然杀人之原因，十八九由于争财，否则争色。财之争由于私产制度以财产为私有，色之争由于婚姻制度以妇人为私有；而二者之所以存立，又无非根据于政府之法律（所谓民法）。若无政府，则私产绝，婚姻废，财与色均无可争，杀人之事又必绝迹于社会矣。又如自私自利不顾公益，亦今世最普通之不道德行为也。惟将来无政府之世，无私产，无家族，社会为个人之直接团体，个人为社会之单纯分子，人人各为社会尽力工作，所获得之幸福，（即以工作而得之衣食住交通等等）己与人共享受之，所作所为，无一非为己，亦无一非为人。此时既无公私之可言，即私利亦无非公益，则不谋私利之公德，又自然人人皆备矣。其他种种，凡今日所称为不道德云云，罪恶云云者，苟一考其所以致此之原因，必由于恶劣之社会有以致之，而非其人之罪。无政府即所以改革此恶劣之社会，而铲灭今日所谓罪恶，所谓不道德之根苗者也。至谓无政府之真理，愚民未易遍晓，此则先觉者之责任，但能将此种无政府组织之良善，用种种方法，竭力传达于众，使家喻而户晓之，自然无所谓阻力。而此事亦非甚难，盖由今日以至于无政府，其间必费多少时日，多少精神，以从事于主义之传达鼓吹。当传达鼓吹之时，即所以使人知无政府之真理。及乎知者渐众，群起而推翻政府，此时纵有少数不明真理者，无政府党人不难设法晓之。盖此种道理，非有深妙玄微之处，实人人所能知，人人所能行。最要之道德格言，不外"各尽所能，各取所需"二语。使之知固易，行之亦不难者也。倘或有一二枭悍之人，故意与众为敌，敢于破坏公理者，是谓拂乎人性，为社会之公敌，人人得而摈斥之。既能推翻强力之政府者，岂并此区区而不能去之哉？是故今日欲实行无政府，惟有竭力于传达，才者从事于鼓吹及实行之务，不才者亦请先自信之，此实为今日凡知有无政府之名词者所当留意，断不必袖手以望教育普及者也。今日教育之不能普及，由于经济之不平等；经济之不平等，由于政府之保护私产。故有政府之世，断无教育普及之理。（欧美诸国名为教育普及，实则仍为富人教育普及耳。）且有政府之教育，大抵与自由教育之原理相反，一般国家主义、军国主义等盲学说盘踞于人心，实无异为无政府之敌。故谓教育普及而后可实行无政府者，无异谓地球诸星尽灭而后可无政府也。

或又曰：好逸恶劳，人之天性，共产社会，各尽所能，各取所需，设人之好逸乐者多，惟取所需而不尽所能，将若之何？则应之曰："好逸恶劳，人之天性。"此语盖大不然。凡人居室既久，便欲游行，苦坐既疲，即思运动。此无他，人之耳目心思四肢百体，皆有运动之本能，无时或息，故断不能无所作为，不必人之强迫也。且人类由兽域而进于人境，其最显而易见之差别，即在于两手。人之有手，即表示其天赋工作之良能。故"好动为人之天性"，实可断言。至今人之好逸乐而恶劳苦则有由矣：私产制度阶之厉也。私有财产之制既行，贫富之悬隔日甚，金钱之势力日大，富者驱策贫民如牛马，社会上凡百职务，为人类生活所不可一日缺者（如农工等），富者皆不必自作，而惟贫者独任之。富者逸而荣，贫者劳而辱，不知不觉之中，遂造成社会上一种好逸恶劳之心理（实即好富恶贫）。而富者于个人一身之事，亦可以金钱买他人之臂力腿力（如仆役、车轿夫等等），以代其四肢百体天然之运动，又复加以烟酒声色赌博种种懒人之生活，以消遣其无聊之光阴。为之既久，精神销铄，生理损耗，由是人身体魄脑髓天赋好动之本能，亦因之而消失，谓为好逸恶劳，亦固其所。至于贫者，终日劳苦，为社会效无量之血汗，曾不得丝毫之报酬。耕田者饥，织布者寒，造屋者无片瓦，厨夫制精美之馔而自食乃馂余，凡劳力所得之结果，皆为富者所掠夺。无论如何勤劳，只以供少数富贵者之牺牲，而一己不与焉，而社会中多数之同胞不与焉。愈勤苦而所得之幸福愈寡，则其失望而懒，固人情所应尔。盖与其偷惰片刻，尚得片刻无聊之安逸，犹愈于盲勤以供富者之淫乐也。呜呼，此岂人之罪，实贫富不平等所造成之果耳！罪恶哉金钱，幸福之蟊贼，犯罪之根苗，悉在于此。故无政府必反对私产，同时以共产主义代之。私产既废，自无因贫而为人奴隶之人，凡人皆躬亲力役，不至习为骄奢淫逸，柔弱不能事事。且人人平等，无有富贵尊卑之别，自然无视工作为贱役之理。人人各执一业，合之而成协助之社会，凡所工作，皆以供全社会之生活，人与我同在其中，而非徒供少数人之牺牲。愈勤劳则生产愈丰，而社会之幸福愈大，亦即一己之幸福愈大。此时尚有人好逸恶劳，吾不信也。且今人每日工作时间，八时至十二时不等，劳动过甚，致害生理，虽有可以省力之机器，而富者以佣值廉贱之故，不肯出资购器以代人工。若共产之世，已无金钱贸易之关系，凡百工作，皆可以机器代之，人但司其机关，虽甚污秽及辛苦之役，皆无难变为安闲之事业，即克鲁泡特金所谓秽浊之矿坑，亦可使之精美与大学之试验所相等者。盖既无资本家靳其金钱，自然事事皆可利用科学之结果。而所谓文明之幸福，不至为富贵者之专利品。劳力与实践同时并省，无所谓苦，盖惟有乐耳。试观今日之世，富贵者逸乐不事生产，以大多数官吏、政客、商贾、海陆军人、律师、警察、奴隶、娼妓、盗贼、流氓、乞丐、棍徒以及全人类半数之妇女（凡以上各种无益于社会生活之人，统而名之曰游民），所需之衣食住，均责之于农工两类之人，工人之中，又耗其一部分于无益之物及杀人之具。以一人而养三四人（世界人类职业之统计，难得确数。然以上所指游民，必居农工两类之三四倍。平均计之，即以一人而供三四人之所需，亦即以一人而养三四人也。是今人大多数皆见养于农工者，而反视农工为贱役；农工所得之幸福，必不及各种游民。冤哉不平之社会。）焉得而不劳。若彼时人人工作，苦乐平均，加以各事利用机器，又无战舰炮台军械等等耗损，人人皆从事于人生正当之工作，其时物产之膨胀，必不可思议。据法国无政府家某氏统计布算之结果，谓将来每人每日作工二小时，已足供社会之所需，今始假定为一倍之数，每人每日作工四小时，时间短小，工事轻易，劳动之苦恼将变而为游艺之幸福矣。今人逸乐无聊，亦往往为游猎、旅行、游戏、体操等等消遣之事。然则每日作工数小时，亦不过消遣之类耳。又何不肯工作之足虑乎？

又有虑无政府时代人类既无竞争，社会将无进化者。不思进化乃天演之原则，向上为人类之公性，断无退而不进之理。世界之进化，全赖科学，今人之发明科学，岂皆为竞争私利计者？盖大抵怀改良社会、图谋进化之心耳。顾今日发明科学之所以难能者，则以有私产之故。人非富者，不能得最高等之教育，既得之后，又以谋衣食之故，暇时无多；而器械试验之助力，亦非有资本者不能。欧美科学研究会，及科学发明家，往往藉富人之资助，此科学为金钱所操纵之明证。若行共产，则教育平等，人人皆有科学之智识。所谓发明，非复少数人所专有之事。每日工作之时既短，研究之时自多，复人人可得试验之器械，斯时凡思想之缜密者，必能潜心研究，科学之发明，比之今日，将有一日千里之势矣。且今人困于私产制度之下，日谋衣食，但求得多金而已足，其猥琐龌龊之态不可向迩；若彼时则生活丰赡，处于协爱之社会，恖想必异常高尚，无有不思为社会谋幸福者。何不进化之足云？

此外又有一最普通之疑虑：即恐一国无政府，他国遂从而侵割之是也。疑此者大抵习惯于有政府之下，迷信政府为万能。而不知政府亦人耳，非有万能。所谓御侮者，不外倚赖军队，军队习惯于服从命令，已无独立性质，一旦驱以御侮，其视听命令之心，必重于御侮之心，故不足恃。若人民自为防卫，纯由于保障人道抵抗强权之公理，故必视政府之军队为有力。观于千七百九十三年法国大革命时，以平民抗拒联军，千八百八年西班牙人战退拿破仑第一，此皆以人民抵御外侮之最著而有征者。是可见御侮不必久练之兵，而以军国主义为名提倡扩充军备者，皆不过为政府之私利，而非专以御侮也。不宁惟是，平民既有推倒政府之能力，可以胜一国之军队，即可以胜他国之军队。且无政府党无国界，既推倒一国之政府，且将分其余力，助他国之无政府党以推倒他国之政府。今日无政府党已遍布各国，一国之政府去，其他各国之无政府党必相继而起，各谋去其政府。此时凡所谓政府者，方自顾不暇，岂有余力以侵略无政府之国哉？试观今世所称司战大神之德皇维廉第二，对于无政府党尚为之恐怖，至有"无政府党能合万国为一团体，各国政府不能合万国为大同盟"之言，于此可见政府之力远出人民之下，显然无疑者也。

以上反复申论，皆所以证明无政府主义不但理论正确，且必可以实行。然则闻斯说者又何庸鳃鳃过虑乎？

《晦鸣录》第 1 期，1913 年 8 月 20 日
亦见《师复文存》

政治之战斗
（1913 年 8 月 20 日）

（赘言）此论为去月杪所著，其时讨袁军声势方盛，今则袁世凯大有战胜之势。记者所望袁氏退位一语，已成画饼。惟本论主旨，在论政治战斗与社会主义之冲突及证明政治之祸民。至于两方面之是非胜败，皆以为无评论之价值。无论孰胜孰负，真理则亘古如一也。

江西战事既肇，举国汗骇。讨袁讨袁之声不绝于耳。记者屏营深念，独漠然无所动于中，惟日夜怵惕，哀我平民，此次又不知糜几许斤肉，留几许升血而已。

或有问予者曰：袁世凯当讨否？尝应之曰：持国家主义，作政治家言，讨袁可谓无訾议。若自真正社会主义论之，则未闻战以前，吾反对开战；既开战后，事已无可挽回，惟望袁氏速退以期战祸之早息耳。

虽然，记者之望袁去，惟袁去则战祸或可早息，非谓袁去即人民可自由也。凡有政府之世，人民必无真自由。今国民党讨袁之辞曰：破坏共和，谋叛民国。此语在国家主义范围内，自然名正而言顺。若按之社会主义，则破坏共和，谋叛民国者，即蔑视国会，违背约法之谓。吾人意见，以为国会与法律皆在当废之列，蔑视云，违背云，皆不过政治问题，与社会主义无关。主张社会主义者，不应藉为口实。凡有政府皆属万恶。袁氏虽去，岂遂无类于袁氏者起而代之；即使继袁者决胜于袁，亦不过其恶之大小略有比较，如五十步与百步之说耳。以欲得一罪恶略减之总统之故，而牺牲无量数人民之生命以易之，曾谓持社会主义肯作此宣言耶？近有昧于此义者，以为讨袁亦为抗强权争自由之一种，与社会主义无背。则试问去袁之后，是否仍立政府？仍设总统？政府总统是否强权？当有强权之世，人民能否有真正之自由？论者苟能自返及此，当可憬然悟矣。去今两年间，比利时之社会党（即政治派之社会党），为争普通选举之故，运动总同盟罢工，其势甚盛，独无政府党竭力反对之，其事不久遂寝。总同盟罢工者，社会革命惟一之利器，而无政府党所视为神圣之事业者也。今比之无政府党独反对之，亦以普通选举乃政治问题，而非社会根本的改革，无此重大之价值故耳。夫普通选举，在政治问题中，其事之重大，视易一跋扈之总统，相去何可以道理计，比之无政府党且不欲与争。今讨袁问题，亦不过政治问题之一，在政治家视为大莫与京之事，又何怪其不惜牺牲一切而为之。若以主张社会主义无政府主义者亦信口附和，鼓吹政治之战斗，独不虑世界之无政府党、反对军备党之从旁窃笑乎？李石曾先生者，中国提倡无政府主义之先进也。其为言曰：吾对于两方面均不以为然。善哉，庶几准度真理之言矣！抑不独石曾先生也，中国社会党，特国家社会主义与无政府主义之中立派耳，其宣言亦有曰：世人狃于政治革命之形式，而昧于社会革命之精神，以为兵力万能，何求不得，长此以往，吾侪小民，惟日供一二英雄魁杰之刍狗而已。其言亦未尝不痛切而有味也。然则参观各中立者之言论，讨袁问题与社会主义无涉，亦较然明矣。

或者曰：子以讨袁与社会主义无涉，然则社会主义不妨左袒专制之总统乎？则应之曰：社会主义，排斥一切总统、一切政府，何有于专制之总统？万恶之袁氏？吾人目的，必有一日举世界之帝王君主总统悉数摈去之，此时微论袁世凯，纵有千万化身之华盛顿，亦必不能乞社会革命党之姑息。特今尚未至其时，吾人当鼓吹准备之事正多，惟日孳孳，犹恐不给，更何暇及此隔靴搔痒之政治竞争乎？

抑吾更有一说以告吾平民，讨袁之起，起于政治之竞争也。以政治竞争之故，而至惹起弥天之巨祸。然则政治乃不详之毒物，可谓信而有征矣。国会者，政治家所称为人民之代表也，苟国会诚可以代表人民，自当设法弹劾袁世凯使之去位，以免人民之祸，今则未闻有此。即间有一二提倡离京开会之说者，亦以被抑于多数不能实行。然则国会又显然不能代表人民明矣。是故讨袁战事发生，愈足见政治之无益，国会之无能。世之迷信政治，迷信国会者，亦可翻然知返，决心从事于反对政治之社会革命乎？

《晦鸣录》第 1 期，1913 年 8 月 20 日
亦见《师复文存》

政府与社会党
（1913 年 8 月 27 日）

去年十二月间，新"社会党"发表未及一月，即被袁世凯下令解散；至本月四日，"中国社会党"党员陈翼龙在北京被逮枪毙，袁氏复下令解散全国社会党。先后八越月间，以大总统命令解散社会党者二次，斯诚支那共和国惟一之特色，足以自豪于五洲万国而有余者也。

去年被禁之"社会党"，其宣言含有无政府的意味。以无政府之影，见恶于政府，所谓罪有应得，无足为怪。若"中国社会党"者，其党纲则赞同共和，其章程则规定不妨害国家存立。当去年新社会党被禁时，其首领曾遍布宣言，自称其党宗旨正大，手段稳健，袁总统所赞成，赵总理所保护。据此云云，已足见其党领对于政府之忠顺，当不至为政府所嫉忌。乃曾几何时，终不免大总统之震怒，而受解散之处分。斯岂其党领之忠顺尚有未至耶？抑社会党之名词固非有政府时代之字典所应有耶？

真正社会党绝非政府所能解散，而"中国社会党"，则固吾人所不能遽认为真正社会党者，即解散又何足惜。特以蚩蚩愚氓所醉心垂涎之"集会自由"，曾用寸许之大字端端楷楷的写在所谓约法之上者，其价值不外如是！吾人于此，当亦可以洞见"政府"之与"人民"，"法律"之与"自由"，固纯然两不相容之物，而勿复再作政治神圣之梦想矣。

袁氏之禁社会党也，根据于军警执法处之宣布。曰：陈翼龙拟以猛烈手段对待政府，计与虚无党联络以图乘间起事。曰拟，曰计，曰图，均非有事实发现，是否为共和法律所能干涉？又陈氏即有罪，应否牵连及于全国之社会党？在好谈法律者尚不难振振而有词，但吾人素不惯与政府研究法律，故对于此等问题，均不欲深论。惟读袁氏之命令，真有令人捧腹而不能自已者。袁氏言曰："社会党……并非文明各国但研究学理之社会党可比。"袁氏自诩能悉外情，亦知所谓文明各国者，均有社会党之类时时大张旗鼓，亦明知"禁社会党"之恶名，将贻笑于万国，乃不惜设身处地，为所谓文明各国者下一转语。意谓各国之社会党，不过研究学理，非有异志，故各国政府能容之。若中国社会党则大逆不道，不可同日而语，故禁之亦不得为专制。于此足见袁氏尚时时存一所谓文明各国者在其心目中，凡事皆欲攀跻于文明各国之林，而不敢翘然独异。此诚吾人所钦佩不已者。独惜袁氏眼中所见文明各国之社会党，尚有未尽。袁氏以为各国社会党惟许研究学理，独不知今日运动罢工，明日提倡暴动之社会党遍于欧陆，亦得谓但研究学理否？所谓文明各国亦曾以大总统命令解散之否？又不知各国社会党之外，尚有所谓无政府党，皆公然集会，宣言反抗政府，各国亦皆以大总统命令解散之否？听者苟疑吾言，则记者虽陋，斗室破簏中，尚有法文、英文之社会党、无政府党报纸数张可以质证。满纸非运动罢工，即鼓吹暗杀，某处为无政府党之机关，某日为无政府党之大会。其大逆不道，不知视陈翼龙何如。而英法之政府，固未闻以军法枪毙其党员，封禁其报馆，而解散其机关也。袁氏欲学文明各国，而不能尽肖，此则吾人于钦佩之余，不能不继之以失笑者矣。（军警执法处之宣言谓"大总统交查社会党首领陈翼龙勾串外国党纲妨害邦交一条"云云。党纲而可以勾串，勾串党纲而至于妨害邦交尤为千古未有之奇闻。袁氏幕府多才，措词之陆离光怪，令人如入山阴道上，目不暇给，真不能不叹观止矣。）

（附注）"社会党"与"中国社会党"之别，时人往往混淆，今特附注明之。未革命之前，中国无所谓社会党也。去年一月一日，南京政府成立时，江亢虎始发起"中国社会党"于上海。其党纲有八：一赞同共和；二融化种界；三改良法律尊重个人；四破除世袭遗产制度；五组织公共机关普及平民教育；六振兴直接生利之事业，奖励劳动家；七专征地税，罢免一切税；八限制军备，并力军备以外之竞争。据此八者，实无异一普通政党，殊无取名社会党之价值。惟彼党宣言，不自认为政党，不运动选举，不谋握政权，且间或宣言赞成无政府主义。然既不入议院，不握政权，试问所谓改良法律、专征地税、限制军备等党纲，将从何实施乎？既赞成无政府，又安得有所谓赞同共和、专征地税等等政客话头乎？党纲与宣言，自相矛盾，至于如此，则其内部实力决不能巩固，盖有必然者，及去年十月该党开联合大会于上海，一部分主张政府社会主义（俗称国家社会主义）之党员，提议改为政党，一部分主张无政府主义之党员，又提议删改党纲，期合于真正社会主义。争论至烈，党领乃为调停之计，于章程中加入"于不妨害国家存立范围内主张纯粹社会主义"及"党员得以团体或个人从事政治之活动"二语，其矛盾乃视前益甚。所谓"纯粹社会主义"，其界说若何，虽不得而知，然吾闻各社会大家及各国大词典所下"社会主义"之定义曰：社会主义者，废除私有财产制度而以生产之机关属之社会之谓也。今所谓纯粹社会主义，无论属何学派，想必不能出乎"社会主义主张以生产机关属之社会"之定义。社会二字，即为个人及国家之对待名词。然则国家存立范围内，安得有所谓纯粹社会主义乎？且其党纲之赞同共和、专征地税、破除遗产（而不主张共产）、限制军备（而不主张废除军备）等词，果得谓之纯粹社会主义否乎？至党员得以团体名义从事政治之活动一语，尤与不认政党、不运动政权之宣言相违戾。欲取调停，而自忘矛盾，其不满人意，固有由也。以是之故，大会既毕，两派终不能复合，愤愤（即沙金）等乃出而别组一党，名曰"社会党"，而无"中国"之名。其党纲目有六：一消灭贫富阶级（实行共产），二消灭贵贱阶级（尊重个人），三消灭智愚阶级（教育平等），四破除国界，五破除家族，六破除宗教。此等党纲及其组织，吾人亦多未能满意之处。然比较上祝"中国社会党"惟较善矣。此党发表未及一月，袁世凯即据侦探吴天民之报告，下令解散之。于是呱呱坠地之社会党，名义上遂不能公布于内地，惟于上海设一交通机关（法界大马路卜邻里口四百七号），进行上尚未有何等之表见。最近始发刊一机关月报，名《良心》，始出第一期耳。若中国社会党，其本部亦在上海（英界大马路福康里口），《人道周报》为其机关，据所报告，支部已有四百余处，党员达五十余万。然吾料所谓五十余万之党员，不独深明社会主义者绝无而仅有，即求能了解其党之党纲者，度亦不及十分之一也。最近被杀之北京支部干事陈翼龙，政府谓为图谋内乱，其是否不可知，惟谓北京为其本部，陈氏是其首领，又谓其党纲三条，此则尚未知该党之真相者也。今因论总统下令解散社会党事，遂附叙"中国社会党"与"社会党"之沿革历史及其现状如此。

《晦鸣录》第 2 期，1913 年 8 月 27 日
亦见《师复文存》

致吴稚晖书
（1913 年 8 月 27 日）

案此书虽为私人函札，惟其中所论，关于无政府党之作议员，实为重要之事实。

近日好谈"半面的社会主义"者，往往谓借政治能力可以达社会主义之目的，此等邪说，实足为社会主义之玷。张继与吴稚晖皆中国提倡无政府主义之先进，前数年在《新世纪》操笔政时，持论至激烈。乃张继既作议员，吴稚晖亦时周旋于国民党间。既与政党日益接近，即无异与社会党、无政府党日渐疏离。及讨袁事起，其原因本由于政治之竞争原为社会主义所不取。而张氏既竭力主持，吴氏亦日日著论鼓吹。以主张无政府主义之人，提倡有政府之战斗，尤足骇人听闻。记者于此，不禁为无政府主义痛哭。故特附录此书于此，阅者幸毋以明日黄花见诮也。

近闻溥泉先生当选参议院议员，并被推为议长。既忤平昔素志，复戾进德会会约。先生与为至友，不审以为何如？此间同志对于此事，惶惑万状，而曾入进德会者，尤为愤激。今日政海恶潮，陷吾民于痛苦，国人醉心权位，讼言运动，不复知学问道德为何物。其祸殆有甚于传染。长此以往，光天化日之人类，不难立返于兽域。三二贤者，方当卓然独立，为之表率，并宜以有用之光阴，致力于社会，为吾人类谋真正之幸福。乃不此之图，竟相率而逐海滨之大臭，其如吾道何！其如为人之责任何！先生等道义素交，似不宜坐视。师复愚见，以为先生当劝其即日自辞参议院议员一席。日月之过，于君子无损。否则宣布昔日主张无政府之宗旨，今已改变，并同时宣布自请出进德会，以谢同志。狂妄之见，自知无当，幸先生有以教之。师复白。五月某日。

《晦鸣录》第 2 期，1913 年 8 月 27 日①
亦见《师复文存》

---

① 本书收录师复致吴稚晖两书分别写于 1913 年 5 月和 7 月，因刊登在 1913 年 8 月 27 日的《晦鸣录》第 2 期上，系按发表时间排列。据《师复文存》列《师复致吴稚晖第一书》在前，《再致吴稚晖书》于后。《晦鸣录》上是《再致吴稚晖书》在前，后附录《师复致吴稚晖第一书》。

再致吴稚晖书
（1913 年 8 月 27 日）

　　近于报中展转得读答书，为述进德会及六不会源流至悉。谆谆不倦，领教无量。惟进德会及六不会之先后继起，其时复适在沪渎，于其历史及规则，与乎溥泉先生之未与闻六不会事，及六不会全与议员问题无涉，均颇能知之。前书亦并未齿及六不会一字。至此间诸同志，多属进德会员，且皆爱护之若神圣，固断不至有昧于规则如来书所谓夷视或苛责者，幸勿以此为虑。前书所以涉及进德会者，徒以误忆溥泉先生为丙部会员之故。盖不独复一人有此误，曾询进德会员数人，其误忆亦与复同也。嗣于《民立报》中得读先生《可以休矣》一文，据说溥泉先生实非进德会丙部会员。得此一语，复前书对于溥泉先生之第二疑问，本可以立时取消。惟复仍有不能尽解者先生为溥泉先生辨明语中，略谓溥泉先生亦屡欲改入丙部，第为政界中人所阻，卒未实行，云云。复窃谓先生此语过矣。人之进退，各有自由。溥泉先生不欲入丙部则已，如其欲也，岂其不能行使一己之自由，何至为他人所阻，更何至为政界所阻。夫以出处大节，宗旨所关，乃亦见挠于政界，不能如愿，岂不贻人笑柄耶？溥泉先生之不入丙部，其用意或别有所在，非浅识所敢知。若谓为政界所阻，鄙人虽愚，窃谓溥泉先生磊落丈夫，未必如此。今先生竟以此说宣布，苟人有反诘一语曰：设溥泉先生欲为革命党，欲为无政府党，政界中人从而阻之，溥泉先生亦受其所阻否？先生又将何以代白耶？抑更有进者，复前书对于溥泉先生之作议员，不能释然，其最要之理由，实以溥泉先生为提倡无政府主义之人，曾竭力排斥政治，不应反置身于政治之生活也。溥泉先生之言论著作具在，反对政治，反对议会，言在耳而墨未干，一旦言行相反，苟非有绝大之理由，必不能出此。复愚无以自释，故欲请教于先生，不幸先生答书，于此未置一辞，致鄙人满腹疑团，至今仍未能释然。今日欧洲之社会党与无政府党，其宗旨本非绝对反对，徒以社会党运动政治，欲以议员之力达社会主义之目的，无政府党则排斥政治以为无济，而相率从事于社会之运动，社会党之异于无政府党者以此。其受无政府党之攻击唾骂者亦即以此。今溥泉先生虽未标揭无政府党之名，然读其著作，固俨然极端排斥政治之一人。忽然运动政治，其理由所在，无人不欲闻之。往者见《民立报》所载溥泉先生历史中，有"自光复后先生以为无政府主义不适用于今日之中国"一语，世或即以此为溥泉先生作议员之原因。惟以鄙意度之，此语必非出自溥泉先生，有可断言者。盖无政府主义，乃世界的主义，无所谓适用于某国与不适用于某国。无政府党之提倡无政府，以为世界无论何国，皆当无政府，非专为一国说法者也。溥泉先生于七八年前提倡无政府主义，尚以为适用，独至今日乃以为不适用，有是理乎？今日一般之人心目中，固多有以为无政府主义不适用于今日之中国者，其意不外曰中国今日尚未至实行无政府之时机而已。此则何止中国，即以今日号称进化极速之法兰西亦未必即日遂能达到无政府，然则亦将谓无政府主义不适用于今日之法兰西乎？故复以为"无政府主义不适用于今日之中国"一语，反对此主义者不必论，苟其人稍有无政府主义之常识，未有肯出此言者也。曩者白蘋洲先生又尝来书论兹事，略谓无政府党不妨作议员，其意以为将来之无政府实行，即由各国议员之主张无政府者决议解散政府。此言亦未免过于重视政治，视议员为有莫大之能力。不曰各国之人民决议解散政府，而曰各国之议员决议解散政府，是明认议员为能代表民意矣。而未思无政府主义固不认有所谓代表权也。即姑置是不论，夫待至各国之议员大多数皆为无政府党，其难固甚于河清。而欲各国之无政府党一旦舍其今日反对议会政治之宗旨，转而运动选举，此已属必不可得之数矣。以上本无关于本题，第以欲研究溥泉先生所以为议员之故，反复而不可得，故不惜絮絮言之。吾辈主意，在讨论真理，溥泉先生不过借为藉口之题目，故以为不妨词费也。先生达识，当必有以教我。又鄙人已宣布废姓，此后如赐答书，幸勿再如前书于名字上冠以旧姓，尤为幸甚。师复白。七月某日。

《晦鸣录》第 2 期，1913 年 8 月 27 日

亦见《师复文存》

致张继书
（1913 年 8 月 27 日）

去月秒报上见参议员题名，先生衰然居首。初以为或者有所不实，乃不数日而先生竟轩然揭幕而登议长之台矣。师复惊闻之下，神经震眩，半月为之不宁。故延至今日始能执笔奉询二事：（一）先生昔为主张无政府主义之一人。无政府主义，绝对不认政治为有益于社会之物。今先生忽以身驰骋政治场中，是否早日无政府之宗旨今已改变？（二）先生发起进德会，自为丙部会员，曾设不作官不作议员之信约。今忽为中华民国参议院议长，是否已宣布出会，取消进德会丙部会员之资格？以上两问题，望即日见答，并登报宣布，以释群疑。因对于先生为议员一事，不独愚陋如师复惶惑而不能解，即多数有识之同志，亦无不相视愕然莫名其妙。而曾入进德会之会员，则尤骇怪而兼愤激故也。虽先生个人之行动，原无受朋辈质问之责任，特以先生为人所共知之无政府党，又为进德会发起人，今一旦舍其素抱，不惜投身于向日所绝端反对之政治场中，世人将以为无政府党之所谓真理，进德会之所谓良心，皆属无用之物，可以束之高阁，弃如敝屣。此其影响，不可谓细。师复虽愚，窃为此惧。惟先生有以教之！师复白五月某日

《晦鸣录》第 2 期，1913 年 8 月 27 日
亦见《师复文存》

答道一书
（1913 年 12 月 20 日）

　　读来书，纠绳余过，不愧良友。感佩靡既。惟谓"复因责江亢虎并其党而非之"此则不免误会。鄙意不满于"中国社会党"者，但以其党纲未尽完善，及党纲与党论又自相矛盾。与夫江亢虎先生以迁就政府之故，致主张不能明瞭。提倡者之主张既不明瞭。因之世人对于社会主义正当之解释，亦不免生含糊影响之弊。此实维护社会主义之苦心，并非对于其党而为排斥，更非对于个人而为讥议也。当"中国社会党"初发起时，复无限欢迎，本拟进党共事，徒以党纲未尽惬意遂尔不果。然与党中同志通信往还，几无虚日。两年以来屡欲著论登报，就鄙见所及，对于其党纲未善者为详细之批评。然以社会党三字，在中国方始萌芽，一旦忽生异议，不知者以为互相攻击，于传播及进行或未免有所妨碍，故始终未敢发表只字。及去年新"社会党"分立时，发起诸君，屡函招邀入党。复以其时两派方互为剧烈之排斥，鄙意殊不以为然。且新发表之党约，仍未能尽惬人意，故婉辞之，暂不入党。一方面函劝两派之各行其是，勿事攻击；一方面著论登之广州某报，以为"中国今日之社会主义，方在幼稚时代，凡能信服社会主义者，无论属于何派，均可称一国之优秀，如春木之苗芽然，吾人当竭力护持之，万不宜互相攻击，自残其优秀之萌芽"。此亦足见复之用意矣。及至中国社会党被大盗解散时，忽论及其党纲等等者，于此亦具有深意。复以为当未解散时，苟有所纠议，不免妨其进行，及既被解散，鄙意正望其党之具有眼光者，趁此机会，改正党纲，淘汰其不良之分子。（党中良莠不齐，屡闹无意识之风潮，实为该党不进步之一大原因。其党员亦自言之。）发生一良好之社会党。故乘便批评其党纲，且特下一二讽语，以促其党员之反省。意谓苟能达余所希望，则复虽受论事苛刻之名，亦无伤也。足下以复为薄该党耶？抑爱该党耶？若夫对于个人，如江亢虎先生者，其所取之手段，诚吾人所不能苟同，若其提倡之功，则固不可没也。（即如对于张溥泉先生亦然。其作议员诚所不取，若其在革命以前提倡无政府主义之功，则不可没也。）至前论谓中国社会党员真能了解党纲者度不及十分之一云云。十字误作万字，苟非来书之质难，至今亦不觉察，特志于此，以代更正，并志吾过。

又来书谓复"因吴稚晖先生与国民党接近，遂疑其有政治上之野心"，此语绝非原意。复前论只有"既与政党日益接近，即无异与无政府党日益疏离"一语，纯是理论上之研究。盖真正之社会党、无政府党，无不反对政治。政党与无政府党，几成风马牛不相及之物。故谓接近政党者即无异疏离无政府党。此语于论理原无不合，并非谓其有政治上之野心也。吴稚晖先生在中国中实为复所最佩服之一人。复固确信其脑子里绝无丝毫政治之臭味者也。其与国民党周旋，度不过虚与委蛇，原非实际上之政治活动。惟吾人以为稚晖先生本无政府党之健将，方望其出而提倡，不料其绚烂之后归于平淡，东归以后，绝不为积极的鼓吹，不免令我辈鲁莽少年之失望，因失望而生恼，因恼而生憾，遂不觉发为斯语。想吴先生见之，当亦点首而一笑也。

《民声》第 3 号，1913 年 12 月 20 日
亦见《师复文存》

我辈向前进！
（1913 年 12 月 27 日）

　　"中华民国名为共和，实为专制"，此语殆遍于今日之社会，无可讳言矣。满清之对待革命党，其残酷已闻于世界，今之袁世凯政府，曾丝毫末减否乎？满清时代尚无所谓社会党及无政府党。入民国以来，二者乃始发生。袁世凯于对待政治革命党之外，忽增加无数之劲敌。盗憎主人，势不并立。故即位数月，即下令解散主张无政府之社会党及乎战胜国民党后，顾盼自雄，益无忌惮，复借事下令解散非无政府之中国社会党，杀其北京部党员陈翼龙，各省之小民贼承风希旨，于是社会党党员愤愤复以他事被枪杀于通州。当此疾风卷地，狂涛滔天之时，吾等鼓吹无政府之机关报《晦鸣录》乃适出现。不二十日，龙济光即强禁我出版，侦缉我同志，蹂躏我晦鸣学舍之团体。及吾等迁澳门后，正拟重张旗鼓。李开侁即照会葡领事，袁世凯复令外交部照会葡公使，要求禁止《晦鸣录》出版于澳门。葡萄牙本一非驴非马之专制的共和国，无异支那之小影，其管理澳门，尤横暴无理，故亦欣然乐从，禁止《晦鸣录》出版，以表同情于支那之大盗。不宁惟是，黎元洪以窃拆邮信而得晦鸣学舍之通告书，复据以电告袁世凯，袁世凯遂通电各省，严密拿禁云云。此等举动，本不值吾辈一哂，然亦可见民贼之对待吾党，固无所不用其极也。

　　今者支那无政府之生气摧残殆尽矣。虽然，吾党抱反对强权之宗旨，为反对强权之运动，其受民贼之摧残，固在意中。何足馁吾人之气。自今而后，吾人之劳苦较前倍深，而责任则较前倍重，吾人当视民贼种种之残暴，为吾人鼓吹之好材料。彼辈之残暴增一度，吾人之实力必须增一度，则平民厌恶政府之心理当必随之而增一度。夫如是无政府之时期不远矣。我亲爱之同志乎！其益决心！益猛进！无怠！无惧！以至于强权灭绝之域！杀戮囚辱固无政府党之乐乡！惟最后之凯歌则必由我辈唱之可断言也！

无政府万岁！我辈向前进！

《民声》第 4 号，1913 年 12 月 27 日

亦见《师复文存》

无政府共产主义释名
（1914 年 4 月 11 日）

名正然后言顺，此语为凡百事物、凡百学术所不可忽。而吾人提倡一种主义欲以号召天下者，尤不可不表揭一正确之定名，以示根本之主张，而一学者之观听。

"无政府"云，"共产"云，此名在华文中为新产物，其主义之在东亚，则犹褓褓时代之婴儿耳。闻其名而却走者固多，道其说而不知甚解者尤多；而浅人又或恶其名之骇俗，强饰以种种离奇可笑之代名词，令闻者之疑惑反加甚。则甚矣名之不可以不正也，乃作无政府共产主义释名。

无政府主义原名 Anarchisme 其定义曰："Anarchisme 者，主张人民完全自由，不受一切统治，废绝首领及威权所附丽之机关，之学说也。"据此定义则华文译为"无政府主义"，可谓确切而不易。而最近无政府主义之大师克鲁泡特金先生则与以最简确之解释曰："无政府者，无强权也。"强权有种种，而政府实为强权之巨擘，亦为强权之渊薮，凡百强权，靡不由政府发生之而保护之，故名曰"无政府"，则"无强权"之义亦自在其中。都克（Tucker）氏曰："无政府字有多重解释，其要义则反对强权政府，故以为名。"此无政府主义之名，所由不可易也。

无政府主义既以排斥强权为根本，强权之为害于社会最显而最大者即为资本制度。Capitalisme 无政府主义首反对之，故凡无政府党必同时主张社会主义。"社会主义"原名 Socialisme，其定义曰："社会主义者，主张以生产之机关（即土地、器械等）及其产物属之社会之学说也。"惟社会主义分为两大派：即"共产社会主义"与"集产社会主义"。共产主义（Communisme）主张以生产机关及其产物全属之公共，人人各尽其能，各取其所需；集产主义（Colectivisme）主张以日用之物（如衣、食、房屋之类）属之私有，生产之物（如机械、土地之类）属之公有（或国家）。二派之外，复有独产主义（Individuaisme）之支流。无政府党所主张者为共产主义，而集产主义则"社会民主党"（Social-democrate，即俗称国家社会党或简称社会党）所主张，独产主义则"独产党"（Individualiste）所主张，二者皆无政府党所不取者也。是故无政府党常自标其主义曰"无政府共产主义"（Anarchiste-communisme）。

由此言之，吾人欲表揭一正确之定名以号召天下，莫若名之曰："无政府共产主义"（简称则曰无政府主义），从事此主义者曰"无政府共产党"（简称则曰无政府党）。

乃世人习惯于政权管辖之下，以为有主则治，无主则乱，或误会无政府即为扰乱之别名，视无政府党无异于放火杀人之强盗；虽有心好其说者，亦惧其惊世而骇俗，不敢坦然受无政府之名。于是种种可笑之代名词，乃纷然以起，而名遂从此不正，言亦从此不顺矣。今试列举而辨正之。

世有欲浑称无政府主义曰社会主义者。不知社会主义，对于经济的；无政府主义，则对于政治的，不应混为一物。无政府党未有不主张社会主义者，故无政府主义可以兼赅社会主义，社会党则多数不主张无政府主义者，故社会主义不能代表无政府主义。又况社会主义一语，近世已习用为集产社会主义之简称，尤与无政府党所主张相抵触。"反对社会主义，反对社会党"二语，无政府党人常道之，非反对真正的社会主义及社会党也。徒以社会主义社会党之名，已为社会民主党及集产社会主义所习用，欲反对社会民主党及集产社会主义，亦不得不沿用其习惯之名而反对之。即如中国近日所之称社会主义，已为"中国社会党"（江亢虎发起）所习用，其主张视欧洲之社会民主党尚不能及；甚至孙逸仙所倡之专征地税政策，亦目之曰社会主义。于是社会主义之名因之而减色矣。是故混无政府主义于社会主义，足令闻者无所适从。

又有名之曰"极端社会主义"者。此名不知创自何人，而愤愤、乐无等所发起之"社会党"实以此自标其宗旨。不知社会主义中，只可分为共产、集产等派，而无所谓极端不极端。即使强而言之，亦只可谓共产主义为极端，集产主义为不极端耳，与无政府主义固不相系属也。况其名于文义上尤为不辞耶。

又有称为"纯粹社会主义"者？按"纯粹社会主义"即 Socialisme pure，在学术上原无一定之界说。然当世学者多称圣西门派之学说为纯粹社会主义。圣西门者（St. Simon），十八世纪末之社会主义家也，其学说主张土地资本公有，各人视其能力而工作，公家量其工作之多寡而给以报酬。所谓生产之机关（土地、器械）属公有，生产之结果（日用需要物品）则属私有。质而言之，实即近世之集产主义耳。此种学说，在吾人主张共产者方讥其不纯粹，曾何"纯粹社会主义"之足云？（其理由吾有《孙逸仙江亢虎之社会主义》文详论之。）然吾见近人之习用"纯粹社会主义"一语者，往往误会以为完全之社会主义。揆其原因，实为江亢虎所愚。吾闻"中国社会党"第二次联合大会后，江氏于章程内以己意加入"于不妨害国家存在范围内主张纯粹社会主义"一语。此语实异常狡狯。一方面以"纯粹社会主义"之名，影射"完全社会主义"。Socialisme integral 冀调停一部分主张无政府共产主义之党人，而掩一般不明学派源流者之耳目。一方面隐示所主张实为圣西门派之学说，而以"不妨害国家存在"七字为抵拒无政府主义之具。其用意盖如此，不料学者竟为所欺，相率沿用，误会纯粹社会主义为完全社会主义，甚或以为无政府主义之代名。抑何不察之甚耶？

于是又有易其名曰"无治主义"者。此名较之前两名为略正，然语不经习，义无定释，或且误以为"反对政治"之称。凡无政府党必同时主张社会主义，故一举无政府主义之名，在习惯上已足包举社会主义之意，而"无治"则第以为破坏政治，如老氏之学说而已耳，于社会主义之意不相连属也。大抵用此名者，皆怵于政府之干涉，欲借不痛不痒之名以掩饰之。不知无政府党之运动，有公布的，有秘密的，其公布者当明张旗鼓以与政府作战，无取乎掩饰；若其为秘密运动，则无论所用何名，皆不失其为秘密。倘徒欲苟且一时以避祸，则断非无政府党所应有。且"极端社会主义即无政府主义之变相"一语，已出之蠢侦探吴天民之口矣，然则又何难点窜一二字曰：无治主义即无政府主义之混名。如是，则即欲苟且一时，又岂可得耶？

此外又有所谓"三无主义二各学说"者，尤为离奇而怪诞。此二语实为"中国社会党"所创用，尝有"三二学社"之组织。彼所谓三无者：无政府，无家庭，无宗教也；所谓二各者：各尽所能，各取所需也。以堂堂正大之主义，而饰以诡诞滑稽之名词，是直射覆之东方歇后之郑五耳。吾党人安能出诸口耶？且所举尤无伦类。夫"无政府主义"者，赅括之名，而非偏举之名也。无政府之字面为反对政府，而含义则为反对强权，其义几无所不赅。凡反对家族，反对宗教等等，皆为无政府党人所倡导，亦为反对强权中之一种，以之统属于无政府主义中则可，以之与无政府主义并列则断断不可。无政府主义中，尚有所谓无祖国主义（Antipatriotisme）、无军备主义（Antimilitarisme）、无国会主义（Antiparlementarisme，正名均为反对祖国，反对军备，反对国会主义等）及其他等等，若必胪举之不将曰四无、五无、六无，乃至不可计量无耶？不又将无政府中种种偏举之义一一与无政府主义并列耶？至于"二各"之名，尤为不辞，无异剧台中丑脚之谐话。"各尽所能，各取所需"乃共产主义之格言耳，若标其学说之名，则只可曰共产主义或共产社会主义，若执一二精理名言以名其学说，恐古今中西无此奇闻也。且既可名之曰"二各"，亦可名之曰"二所"，又可名之曰"二其"，岂惟类于丑脚，抑更甚于眩人之幻戏矣。或者乃曰：名固无足轻重。不知凡一学说之名，必庄重而可敬，方足以起世人之景仰，否则徒增轻亵耳。况此了无意义之名，闻者不知何指，又安能持此以相号召耶？

　　吾今请为一简明之语以告吾党曰：吾人所主张者"无政府共产主义"也，简称则曰"无政府主义"。吾党为"无政府共产党"，简称则曰"无政府党"。吾人主义中，若偏举其一二义，则有反对宗教，反对家族，反对祖国，反对军备，反对国会等等，惟不能与无政府主义之名并列。至若一切纯粹社会主义、极端社会主义、无治主义以及三无二各等等支离可笑之名，皆所谓名不正而言不顺，此后当相戒勿用，使之绝迹于吾党之口角与笔端。

《民声》第 5 号，1914 年 4 月 11 日

亦见《师复文存》

答凡夫书
（1914 年 4 月 11 日）

来书称"昨阅贵社寄来旅东心社处简章"云云，阅之骇异。心社向无章程发出，亦不闻有所谓"旅东心社处"之名。足下所见，或他人自行拟定，或为外间假冒，均无从悬揣。望将其地址人名及简章内容见示。如为真正同志，吾等当急与联络，若为假冒，则不能不鸣鼓攻之也。（要之"旅东心社处"之名已不通。心社无章程，又何得有所谓简章乎？）

至来书嘱寄本社章程，又自述素慕辛德秋水之为人，想或为吾党同志。用特将此间略情，为足下述之："晦鸣学舍"者，吾等传播无政府共产主义之地也。前后成出印刷物数万册。《民声》杂志为其机关，近虽被支那民贼摧残，然同人奋步直前气不少衰，且当较前更勇。至心社则为同人特别发起之团体（以晦鸣学舍为通信地）。其宗旨在"破现社会之伪道德、恶制度，而以吾人良心上之新道德代之"。其范围则在"个人进德"。社中无所谓章程、规则、社费、社长、干事等等。惟有社约十二事：一不食肉，二不饮酒，三不吸烟，四不乘轿及人力车，五不用仆役，六不婚姻，七不称族姓，八不作官吏，九不作议员，十不入政党，十一不作海陆军人，十二不奉宗教。此十二事之理由，则根据于人道主义、社会主义及无政府主义之真理者也。凡能践行十二社约者，即为社友。亦无所谓罚条，盖吾人纯以良心自由集合，与他种结社迥别故也。

总而言之：吾辈对于个人"相戒勿为违背真理之事"，对于社会则主张"废绝私有财产，倾覆一切强权，以成共产大同之社会"。若来书壮我国徽云云，则非无政府党之旨也。

《民声》第 5 号，1914 年 4 月 11 日

亦见《师复文存》

答悟尘书
（1914 年 4 月 11 日）

　　来书以答书简短见责，诚难辞疏慢之咎。然足下当知师复乃一劳人。此间共同工作之同志，仅七八人耳。而撰述、翻译、排字、印刷、校勘以及洒扫、饮馔、洗濯、缝纫、封寄书报、往来通信等事，均此数人任之。夙兴而夜寐，无一暇晷，为日尤恐不给。师复每日所答书，少则十余通，多乃至三四十。而国内国外寄来之书函印刷物，日以数十计，又须一一过目。加以印刷费、邮费，所耗不资，随时筹画，尤足苦人。由此言之，试问有何暇日，以作详细之通信耶？此当为同志所能见谅者也。

　　至来书谓"无政府党有入政界之必要"，此语太离奇，绝对违反无政府党之宗旨。复敢反而断之曰："无政府党有排斥政界之必要。"借政治以行社会主义一语，惟今日无耻之社会民主党（德国最多），能靦颜出诸口，久已为无政府党所摈弃，所唾骂。无政府党对于现在恶社会之救治，惟有革命，无所容其犹豫。无政府之事业，乃社会根本问题，非支支节节之政府的社会主义（即社会民主党所倡图在议院占多数之半面社会主义）所能梦见；更非卑污苟贱之官吏议员，所能容喙者也。无政府唯一之宗旨，即为排斥强权。政治乃强权之渊薮，故无政府党必排斥政治，反对国会。岂有已所排斥所反对之物，一旦可藉以行其主义者耶？足下既怀无政府思想，望此后勿复留此等影子于脑中。

《民声》第 5 号，1914 年 4 月 11 日

亦见《师复文存》

孙逸仙江亢虎之社会主义
（1914 年 4 月 18 日）

今日一般人之心目中，以为中国言社会主义者有二人焉：即孙逸仙与江亢虎是也。是二人之有志提倡，记者未尝不感之，顾其所言究足为真正的社会主义否，吾人有不容不研究者。近世学子，耳食者众，震于总统、党领之名义，不暇论列是非，辄盲信为社会主义之真相，其结果有反足为社会主义之大障者。记者于此，又曷能已于言耶！

顾记者欲论二氏之主张，当先以数语略述社会主义之定义及其派别。

社会主义者，反对私有财产，主张以生产机关（土地、器械等）及其产物（衣、食、房屋等）归之社会共有之谓也。其简单之理由，以人类生活赖乎衣食住，衣食住之所由来，则土地生之，器械作之，而尤必加以人工者也。土地为天然之物，非个人所能私有，器械亦由人工造成，人工则为劳动者之所出；故以正理论之，凡劳动者当得衣食住。惟现在资本制度之社会则不然。土地为地主所占据，工厂器械为资本家所独有，大多数之平民，则服役于此二者，为之生产各物。其结果则大部分利益均为地主与资本家所掠夺，劳动者仅得微薄之工资。终岁勤动，曾不足以赡其生，而地主与资本家深居大厦，坐享最高之幸福，其不平孰甚于斯？欲救其弊，惟有由地主资本家之手，取回其土地器械，归之公共，由劳动者自作之自用之。人人共同工作，人人共同生活，夫然后可谓之平。此即社会主义之原理也。顾社会主义主张以生产机关属之公有，此为凡言社会主义者所公认，无有异辞。惟对于生产物之分配方法，则言人人殊，而社会主义中遂有种种之流派，然大别之可略分为二：一曰共产社会主义，一曰集产社会主义。共产社会主义者，主张以生产机关及其所生产之物全属之社会，人人各尽所能以工作，各取所需以享用之；集产社会主义则主张生产机关属之公共，其所生产之物则由社会或国家处理而分配之，其分配方法亦有种种不同，然大致不外视其人工作之多寡，酬给因之而异，各人所得之酬给，即为个人私有物。二派主张虽有不同，然苟欲其主义之实现，必须从根本上推翻现社会之组织，由资本家之手取回生产机关。此则二派共同之点也。（至二者之优劣，当世已有定评。所谓社会者，乃对于个人而言，故既曰社会主义，则凡社会之物，皆当属之公有，而不能复容个人之私有权。今集产主义以衣食房屋之类属之私有，是明明尚有个人私产，根本上已背乎社会主义之定义。且同一房屋，牛马之圈厩则为公有，人居之房舍则为私有；同一用品，工厂之煤膏则为公有，人家之薪火则为私有，于理论上岂复能通？且集产者主张按各人劳动之多寡而异其酬给，是则强有力者将享最高之幸福，能力微弱者将至不足以赡其生，夫能力之薄弱，或关乎生理，而非其人懒惰之罪，乃结果不幸若是，尚何幸福均等之足云？此吾人所以谓集产主义为不完全之社会主义也。）此外有所谓社会政策者，不欲从根本推翻现社会之组织，惟欲借政府之力，施行各种政策，以补救社会之不平。其政策亦有种种：如限制资本家，保护劳动家，行累进税及单一税，以及设置公共教养机关等皆是。此种政策，不过在恶浊政治中自标一帜，不能名之为社会主义也。以上社会主义即社会政策之派别异同，大略如此。今孙氏与江氏所倡导者，果为何派之社会主义乎？抑但为社会政策乎？以吾意言之，则二氏之言，均社会政策，而非社会主义也。读者苟疑吾言，请得而论之。

孙氏本政治革命家，社会主义非其专治，惟心醉亨利佐治之学说（即单一税论），欲实行之于中国，故同盟会会纲有"平均地权"之语，即此物也。然亨利氏之单一税论乃一种之社会政策，而非社会主义。盖社会主义无论为共产为集产，必须由富人之手取回一切土地、器械归之公共，使社会上无复留地主与资本家之迹。单一税制，则仅限制大地主略减其势力，而不能使之消灭。盖大地主固不患地税之增长者，以彼将间接取偿于劳动家故也。以社会主义之根本理论言之，土地为天然之物，固不容有所谓地主，即亦不应更有所谓赋税矣。顾孙氏不但主张单一税而已，同时又自称主张集产社会主义。其在中国社会党之演说有曰："共产主义，本为社会主义之上乘，然今日一般国民道德之程度未能达于极端……则主张集产社会主义，实为今日唯一之要图。"其下复盛称集产主义之元祖马克斯之资本论。是孙氏俨然集产派矣。集产主义虽非圆满之社会主义，然固主张土地器械均归公有，绝对不容私产制度之存在者也。今既主张集产主义，已从根本上推翻一切地主及资本家矣，又何必有所谓单一税者以骈枝于其间乎？孙氏亦明知二说之相左，故辄变其名曰"单税社会主义"，复为调停之说曰"亨氏与马氏二家之说，表面上似稍有不同，实则互相发明，当并存者也"云云。不知单税论之所由来，即以惮于改革，惧社会主义所倡向地主取回土地之说之不易行，乃代以单税之法，期稍杀地主之势力。实则因陋就简，不敢实行社会革命者也。若集产主义，无论其合理与否，及手段若何，然终不免改革现社会之组织，取回今日地主所占之土地归之公共。如是即断断不必复有事于单税。犹之主张共和，即不必复有事于君主立宪，更无所谓并存者也。今孙氏乃同时主张集产主义与单一税制，吾诚不知其所可也。推原其故，实由孙氏误认社会政策为社会主义，复误认社会政策之所谓国有事业，即为社会主义之资本公有。故至以马氏资本公有、亨氏土地公有相提并论，不知所谓资本公有者，乃取回生产机关，操之劳动者之手，由劳动者自使用之，非如国有事业，以国家为资本主，劳动者服役于国家，无异其服役于工厂主者比也。马氏尝解释"资本"之意义曰："资本者乃货物生产之际所发生之一种社会的关系也。故生产机关苟操之直接生产者（即劳动者）之手，此时即无资本之可言，惟藉生产机关以剥夺劳动者之利益，至是始称为资本。"社会主义之资本公有，即生产机关操之直接生产者之手之谓。使资本之势力无可表见者也。国有营业，则仍藉生产机关以剥夺劳动者之利益，而资本势力反益胀膨者也。二者在学理上之背驰若此，孙氏乃谓铁道及生利事业收为国有，即为解决资本问题，即认为无异公有，是直不知"资本"之意义者耳。孙氏所谓主张集产社会主义者不外如是。然则满清与现在之政府均尝哗叫铁道国有矣，亦可谓为社会主义否乎？至亨氏之单税论，纯为支支节节之社会政策。孙氏乃以之与马氏资本论并举，尤为不伦。马氏虽但言资本公有，然土地实可包括于其中。土地亦生产机关之一，凡集产家无有不主张土地公有者也，且其所为公有，实以土地归之直接生产者之手；单一税则但由地主之手分润其税金，不但不能名为土地公有，并且不能名为国有，只可名为政府与地主分有耳。而孙氏乃以为能解决土地问题，是又不知所谓公有之意义者矣。由此言之，孙氏之所谓社会主义不过国有营业、专征地税之两种社会政策而已，曾何社会主义之足云？

若夫江氏俨然"中国社会党"之党领，自当有明确之主张。惟记者尝搜索其言论，则又未尝不病其芜杂也。江氏曾为《社会主义商榷之商榷》一文，其言曰："共产主义乃社会主义之中坚，……均产主义、集产主义其方法不如共产之善，故虽以共产主义为社会主义不祧之宗可也。"观此则江氏明明主张共产主义矣。乃其下文则曰："共产主义之精言，不外各尽所能，各取所需二语。然徒取所需而不尽能者，将何以待之？……否则无比较无竞争，无希望，其于人类进化似颇阻滞矣。若夫不劝而兴，不惩而戒，无所为而为之者，又恐非一般人之程度所能及也。"前后两说，乃极端反对之文字，而江氏竟于一文中同时出之。此真足以令人骇怪者矣。以彼所称为社会主义不祧之宗之共产主义，竟不免于阻滞进化，然则江氏所言之社会主义果为何等物耶？吾有以见江氏固未尝深知共产主义之真谛者也。抑不独不知其真谛，且亦未知其定义与派别。故又曰："共产主义，产分动产与不动产，此派中有主张一切共有者，有主张不动产共有而动产仍私有者，有主张不动产公有而动产则废除者，即废产主义。废产主义有名实俱废者，各尽所能各取所需不计价值也；有名废实不废者，即一种进化的银行汇划法也。此外更有均产主义、集产主义，与共产颇不同。"江氏于共产主义中，分出若许流派，不知本自何人。若以吾所闻，则生产机关与所生产之物一切共有者为共产主义。（江氏所谓动产不动产一切共有。）生产机关公有而所生产之物则私有者为集产主义。（江氏所谓不动产公有动产私有。按不动产动产等字在此本不适用，今不暇深论。）各尽所能，各取所需为共产主义。分劳异给，各取所值为集产主义。（江氏所谓进化的银行汇划法。）今江氏乃统而纳之于共产主义中。以集产主义为共产主义，已属可骇，复谓此外更有集产主义，与共产颇不同。吾诚不知江氏以何者为集产主义也？江氏于学派源流淆乱若是，故最近在美洲之演说又曰："均产集产均非尽善之法，共产亦恐未易遽见施行。"同时取社会主义之各派一例推翻之。是真可称怪剧者也。然而读者无庸骇怪，盖江氏实主张社会政策者，固无怪其取社会主义之各派一律推翻也。江氏之言曰："鄙人主张教育平等，营业自由，财产独立，废除遗产制度。凡人自初生至成人，同在公共社会中，受同等之教育。一届责任年龄，即令自由营业，所得财产，仍为私有。惟各个独立，不相授受，死后即收入公有。"此即江氏最简明之主张矣。夫社会主义派别虽多，然其共同之点，必反对私产制度。故无论共产集产，均主张以土地、器械属之公有。今江氏主张营业自由，财产独立。曰营业，曰财产，明明有私产无疑。曰自由，曰独立，更明明保护私产无疑。且中国社会党亦仅以专征地税为党纲，而未尝主张生产机关公有，与孙氏政策如出一辙。其稍异于今世之资本制度者，特遗产归公一事耳。然生前则明明各有私产，且私产之范围，不独衣食房屋而止，必可并土地器械而私有之。因欲营业之自由，财产之独立，非得土地器械之所有权不可也。充江氏之论，营业自由，野心家即随之而起。今日之托辣斯大王，不难复见江氏之所谓社会主义之世。虽遗产归公，终不足以绝其垄断之欲望。盖彼辈万恶之资本家，大抵好虚荣，弄手段，以拥有多金，奔走奴隶，操纵金融为乐事。其目的不但为长子孙计也，故自由竞争一日不绝，即资本家与贫民之阶级永无消灭之日。以此言社会主义，直南辕而北其辙耳。矢口言社会主义，乃于社会主义之根本思想尚且茫然，反谓"虽有私产，以有生为断，共产之真精神亦不外乎是"，复自称为社会主义特殊之主张。吾以为江氏之主张称为特殊之社会政策则诚无间言矣。若称为社会主义，则吾期期以为不可也。何也？盖社会主义之根本共同点，土地、器械当归公有。必先承认此共同点，始可与言社会主义。今江氏尚未及此，复证以其党之党纲，所谓赞同共和，融化种界，改良法律，破除遗产，普及教育，振兴实业，专征地税，限制军备八事，大抵皆社会政策之条件，于社会主义之根本精神，相去固不可以道里计。记者谓其所主张近于圣西门之学说，实则仍不能企及。盖西门氏固主张土地器械公有者，今江氏则仅仅窃取其废除遗产一事而已耳，于其根本要义不敢附和也。然则江氏虽有百计欲避社会政策之名，又乌可得耶？

由是言之，孙江二氏所言，皆社会政策，而皆自称为社会主义，世人亦皆奉为社会主义，此真不可思议之怪事也。然孙氏于社会主义之派别，尚厘然能辩，江氏则忽而推崇共产主义，忽而排斥共产主义，忽而以集产主义为共产主义，忽而以遗产归公为共产之真精神，颠倒瞀乱，尤难究诘。且孙氏常自称社会政策，未尝讳饰，其所领之国民党，亦有采用社会政策之党纲，故除混称社会政策为社会主义之一误点外，尚不失为宗旨一贯。江氏则明明主张社会政策，而必坚称社会主义。袁氏登位则电陈政见，国会开会则上书请愿，党章中且明著"党员得以本党名义从事政治活动"之条，而必自谓不主张政治运动，必自谓非政党。既非政党，则"中国社会党"之八条社会政策的党纲，又将从何而实现之？乃同时又自称"本党之宗旨，不违反国家社会主义，而可达到无治共产主义；本党之性质，可以为政党，可以不为政党"，模棱两可，饬说欺人，至是而极！是则比孙氏抑尤下矣。至二氏共同之谬误，即恐人但取所需而不尽所能，因之谓共产主义为不可行是也。此等见解，几为一般人所通有，记者曾为《无政府浅说》，对于此节已有解释，读者苟一参观之，当能释然矣。

记者之为此论，纯为研究学理，非敢故为苟论，更绝非对于个人而为非议。诚以社会主义在中国方始萌芽，正当之书说，寥若星辰。世人辄认二氏之论为社会主义之模楷，不知误信孙说则将以国有营业、单一地税为社会主义，误信江说则将以遗产归公为共产之精神，以营业自由、财产独立为社会主义之所尚，而社会主义之真谛遂荡然无存，此实社会主义前途之大祸也。记者为发扬社会主义保障社会主义计，又乌能已于言？

《民声》第 6 号，1914 年 4 月 18 日
亦见《师复文存》

世界语与无政府党
（1914 年 4 月 18 日）

　　师复按：此为英文《自由》（*Freedom*）报所登之来函。盖欲勉吾党采用世界语为交通之利器也。余昨又接巴黎寄来和平自由会出版之小册子，亦有《世界语与无政府党》（*Les Anarchistes et la Internationale Langue "Esperanto"*）一书，发挥此旨甚详。该会宗旨，即欲传播无政府主义于世界语学者，复传播世界语于无政府党者也。盖世界语既有万国通语之价值，吾党欲破除国界，及交通各国同志，自宜采用之。然吾人虽采用世界语，而非谓世界语即无政府主义也。世界语之在中国，尚属幼稚，能知此语之真相及作用者实鲜。故恒人对于斯语，辄有两种谬见：一则以提倡斯语者多属社会党、无政府党，因疑习世界语者即为党人，一旦社会党被禁，斯语遂亦受波及之影响，几于无人过问；二则以世界语之宗旨在和平，无政府党之宗旨在破坏，因疑二者不能相容。不知此两说皆非也。世界语之与社会主义、无政府主义本非一物，特以世界语之宗旨，破除种族国家界限，希望永久和平，而社会党与无政府党亦无不怀此宗旨者。宗旨既同，提倡因之愈力。非谓世界语即社会主义、无政府主义，亦非谓必党人然后可习世界语也。此语之在欧美，久已推行于各种社会，凡教育、商业、科学、文学、邮便、铁道等等皆通行之，甚至警察及旅馆亦多通此语者。盖此语为纯粹中立性，无论何人，均可采用，恶在其必为党人耶？至无政府党之采用斯语，正惟以其宗旨相同。疑者乃以为一主和平，一主破坏。是又不知二者之真谛者也。世界语主和平固矣，然无政府党又何尝不主和平乎？无政府党之运动万国联合，鼓吹反对军备，非即其主张和平之明证乎？至有时不能不激烈行动，实行暗杀、革命、罢工等事，亦无非忍一时之痛苦，求永久之和平，除少数之障碍，谋多数之幸福。凡暗杀、革命，皆本此旨，盖以至仁之心，行至不仁之手段，此乃恶毒之社会驱迫吾人不得不如此者，非好乱也，非残忍也。以极端希望和平之人，至迫而为激烈之举动，吾党之心乃愈苦矣。世界强权之壁垒，固非空言赤手所能使之消灭，不得已而以非常之手段对待之，及其壁垒既去。乃建造真正自由、平等、博爱之社会，必如是始有真和平。盖和平固非煦煦孑孑者所能语此也。苟明乎此，又何疑于吾党之采用世界语乎？

《民声》第 6 号，1914 年 4 月 18 日

亦见《师复文存》

素食主义浅说
(1914 年 4 月 25 日)

　　素食主义有二义。一，以常人之肉食品，经医家考验，知其中含毒质至多，感动脑筋，污染血液，脑筋肠胃血络诸病，往往因为肉食所致，其中又有传染病之种子，为患尤烈（其详别述于他篇），惟素食者乃能免之，此医学的素食主义也。二，肉食者残杀生物以供吾人口腹之欲者也，以科学言，人为动物中之一族（欧美新动物学书皆以人与猴同列一族，名曰第一系），人之食肉，实无异于肉食兽之自残其类，以心理言，则好生乃人类之公性，吾辈主张扩充本来良德者，何独于此而忽之，此博爱的素食主义也。前者属于卫生问题，后者属于道德问题。要之不离乎科学之真理而已。

　　顾或有以为卫生问题与道德问题无关，因诉吾人不应混卫生与道德为一谈者。不知卫生与道德，以旧眼光观之，似无关系，实则人类之所以能进于文明，不外知求学以增脑智，知卫生以长体力，二者缺以，均未足以完人类之责任。故二者皆改良人格求人类进化之事也。夫以改良人格，求人类进化之事，而曰与道德无关，则又乌可？且素食主义，自卫生言则为爱己，自道德言则为爱他。己为人类中之一人，人又为动物中之一物，苟言博爱，则己与他同在其中。爱己爱他，均谓之仁，均为人道。不卫生即不爱己，不爱己即不爱人类中之一人，直可谓之不仁，有背乎人道。此卫生与道德实不能离而为二之说也。

　　或者又谓素食主义，不食动物而食植物，植物亦生物界之一，于博爱之道仍未圆满也。不知动植二科严明之区别，虽或难得，而普通之区别，则人所能知。动物为最近于人类之生物，而植物则否。此固不难以粗略之概念判之者也。吾辈之素食主义，目的在"不食肉"，其代之以植物，亦第谓食植物犹愈于食动物而已。吾人理想上之主张，固未尝不谓植物亦当在不杀之列，且确信科学发明，必有一日能以无生物质制成食料，用代今日半开化之食品。（近世科学家已多有研究此事者，不久必将有所发明，吾人所希望，绝非不可及之事。）特今日尚未至其时，吾辈亦惟有本去其太甚之义，先取其与人最近痛苦、最甚如动物者戒之，其他则故俟之异日。此固无可如何之事，不能执见牛未见羊之说来相诋诽者也，托尔斯泰曾著《第一级》（Unua Shtupo）一书，发明素食主义之原理，谓素食为人类道德进化之第一级，亦可见素食主义之价值矣。

　　或者又谓人之嗜肉，根于天性，为人类之自由，不宜有所限制。不知既名嗜欲，何得谓之自由？若如所云，则世之嗜赌、嫖嗜、嗜鸦片、嗜杀人者亦多矣，岂亦谓赌、嫖、吹烟、杀人皆人之自由而不必戒乎？凡事只当问其是否合于真理，不能计及人之嗜好也，食肉者有碍卫生，既如医学家之所言，而人与禽兽，固同为动物，其间非有贵贱之殊，生理之组织亦未尝有异，所差者特脑智之进化略逊于人耳。今世之山番野蛮尚多，其脑智固远逊于开化之人类，设有人杀山番野蛮而啖之，吾辈当必以为大怪。然试问杀禽兽而啖之者相去又几何耶？（据动物学家之报告，今日之野蛮人类，其智慧及善意不及高等人猿者，尚有多种。）食肉之不合于真理，既无疑义，即嗜好亦当为所诎矣。抑谓食肉为人类之天性，此亦不然。人之饮食，其目的在供机体之需费。人之机体，不过由十数化学原质所合成。故苟有其物，能供吾人体中各原质之需费者，即已足达饮食之目的，不必问其为肉与否。譬之注油于灯，但求其能供燃火之质料，不必问其为何种油也。昔人不明科学，故有"饮食男女，人之大欲存焉"之语，而不知二者皆生理之所用，本无所谓大欲，无所谓嗜好。其成为嗜好，乃由于习惯。凡机体愈习用愈发展，习于食肉，乃觉肉之可嗜，久之遂谓非肉食不足以为甘，而以为出于天性。犹之男女之交合，本出乎生理作用之不得不然，及其为之既多，遂习为好淫，而亦以为出于天性，此实不知科学之谬见也。证之素食同志之不食肉，有行之已数十年者，有数年或一二年以来者，固皆居之若素，不特不觉其苦，且觉其甘。行之未久即已厌恶欲食，激烈之食肉，亦自然消灭，而体力未尝少弱，精神则日见增进，更何天性之足言耶？

　　或又以为不食肉则禽兽日多，将有禽兽逼人之祸。此更杞人忧天，可为发笑者也。上古之禽兽逼人，其原因别有所在，与人之食肉与否无关。不然，今世界动物，据近世博物学家所考定者共有三十六万六千种，而普通人所取为食品者，度其极不过百数十种而止。如必食肉然后可免禽兽逼人，则今日人类所不食之数十万种动物，当久已舞爪磨牙，需人类而吞食之矣。若谓人类所常食者（如豕羊之属）皆孳生最繁，其他则否，此亦不然。吾闻动物学家言，物类之孳生最速倍于豕羊鸡犬等者，尚不知凡几，然皆未至于逼人，可见人与禽兽之可以共同生息于世界之上者，其中实别有至理存乎其间也。

若夫害人之兽，如虎豹豺狼之属，更非人所能食。然既为害人之物，人类自有所以去之之法。吾辈主张革命主义，其最要之格言则曰抵抗强权。故近世无政府党倡导大同博爱，蔼然仁者之言，及其对待皇帝、总统、资本家，则往往以手枪炸弹相向，诚以此辈挟持强权，有害于人，为人道之蟊贼，去人道之蟊贼，乃所以保障人道。猛兽害人（并害他种动物），其为人道之贼则一，去之亦所以保障人道，抵抗强权，固与博爱之旨无所冲突也。（推之卫生家常扑鼠以杜传染，灭微菌以保清洁，而人未尝以为不仁，其理亦与此同。）明乎此庶知吾人之素食主义，盖与佛氏殊科。佛氏戒杀生，为极端主义，推其极便不惜溃痈以养虫，舍身以喂虎。必如是而后慈悲之说乃能自圆。若吾辈之素食，一方面为卫生，一方面不欲滥杀无辜之物以供口腹。倘其为世界之大害，不去之不足以保障人道者，自然无所容其姑息。故凡一切菩萨之慈悲，媪妪之仁义，皆不足以此语者也。

又有谓虽不食肉，而毛革等物不能不用，仍于博爱之理不全者。不知毛织物第剪毛为之，而非必戕其生，革物自发明假革制造法后，一切革器，用真革者已减其半。设世人皆不食肉，又何难全用假革，即间有特别物品，非用真革角不能者，亦可由老死之动物取之也。至皮裘一物，乃微菌之发育场，殊碍卫生，更当废绝。丝织物则纯为奢侈品，无裨实用，可与皮服同废。盖棉麻与毛织物皆较丝绸耐久而卫生也。

记者又尝接俄国世界语同志与我一书，讨论素食主义，其意以为"卫生的素食主义"，诚为至论，若"博爱的素食主义"微有缺点。因现世人类，被种种强权之压迫，其痛苦视禽兽之被杀为尤甚，故博爱主义当先救人类，而不遑计及禽兽云云。不知素食主义，非爱禽兽而不爱人也。人类之痛苦，近在切肤，"救人"固不能一刻缓，而素食主义，亦未尝不可同时并行不悖。既非谓素食即不必救人，又安能谓救人即不必素食。否则一面言救人，一面又任意滥杀广义的同类（即禽兽），其不自相刺谬者几何耶？

又有疑植物滋养料缺乏，恐其不足以养生者。不知肉食含卵白质、脂肪质虽多，而皆缺金石质（磷、钾、铁等），植物则富于金石质，而亦未尝缺卵白、脂肪等质。（即如各种大豆，其所含滋养料较肉食更富。豆浆、豆腐功用几在牛乳之上，此皆科学家所实验者也。）近世新卫生学已提倡少食卵白、脂肪，而注重金石要质。此蔬食所以日益推行也。试观迩来平民之经济状况，日趋于穷蹙，除少数富贵之寄生虫外，能得充足之肉食者曾有几人？然未闻其不能养生也。更观乡野耕作之同胞，苟非岁时庆节，几不复之肉味，然其体魄之强健，必胜于肉食者数倍，此亦足证素食之有益而无损矣。其他素食之利，尚有数事：肉食者粗暴，素食者宁静；肉食者腥秽，素食者清洁；肉食者费奢，素食者费省。凡此皆与吾人之德性上、生活上有密切关系者也。

若语习惯，则欧美为肉食派之国，改行素食较难，支那、日本为蔬食派之国，改行素食必较易。乃欧美各国之素食会员动以十数万人计，而东亚各国本为蔬食派者，反无人倡导。吾愿有进化思想者之急起研究而鼓吹之也。

《民声》第 7 号，1914 年 4 月 25 日

亦见《师复文存》

答乐无
（1914 年 4 月 25 日）

来书疑"无政府"一语，字面若仅反对政府，而欲易以"无强权"，又欲易"无政府共产主义"为"无强权无私产主义"或"自由共产主义"，记者窃以为未当也。文字有东西之不同，而学术则世界之公物，凡学术上之名词，当从共同之意义，而不必迁就其本国之文字。无政府主义亦为学术上一词，无论法语、英语、德语、世界语或他语，其字根本不离 Anarhismo。绅 Anarhio 字之原意，实为"废绝首领及一切统治机关"。据此定义，试问除"无政府"三字外，尚有何语能如是之吻合无间者乎？克氏之释以无强权，乃谓其含义如此，而非谓无强权可代无政府。无强权一语，在西文尚未成专名词也。至恐无政府之字面不能包括反对家族，反对宗教，反对祖国，反对军备，反对国会等等，此亦不然。凡此种种，皆为政府之附属物，政府一去，凡百皆随之而倒。岂有无政府之世尚容有家族、宗教等等者？又岂有无政府党而不反对家族、宗教等等者乎？故一举无政府之名，即能知其大略之概念，不必如来书所谓下以冗长之解说者也。若谓"免与恶政府胜于无政府之说相混"云云，此尤无庸虑及。此语出于反对者之口，吾辈安能禁之。吾人即易无政府为无强权，彼辈又何尝不可曰强权胜于无强权乎？盖强权即 Auto-ritato，所谓权力，所谓国家之权能，皆此物也。今之臭政客，非日夜梦想"强有力之政府"者乎？然则强权固非彼辈所讳言矣。

"无强权无私产主义"一语，以无强权无私产对举，尤为误会，所谓无政府共产主义者，Anarhiista komunismo 乃谓无政府的共产主义，以无政府为共产主义之系词（与无政府社会主义一语同），而非以无政府与共产为两事而对举之也。无政府党必主张废私产，故社会主义原可包括于无政府主义中。惟以社会主义有集产、共产之殊，近世更有独产党主张独产主义（Individualismo）颇为世所诟病，而亦称为无政府党。故吾人主张共产者，尤宜标明宗旨。并非谓无政府之名不能表示反对私产之意，乃加入共产一语与之并举也。若如来书名为"无强权无私产主义"，便与原意相戾矣。且无私产三字亦不能表示其为共产，盖凡集产党或独产党亦未尝不反对私产也。

"自由共产主义"一语，其以"自由"与"共产"对举乎？则病与无强权无私产一语等。其以自由为共产之系词乎？即自由未必即无政府，于义亦不能明瞭也。

总之，"无政府主义"、"无政府共产主义"之两名，译义既精审，命名亦正大。可谓绝无缺点。在华文既已习用，而同文之日本亦复相同，又何必多所改作乎？彼一般无识者避之而不敢用，君等又疑其名之不协，窃谓两皆失之矣。

又先生等前年发起之社会党，本以无政府共产主义为宗旨，乃不名无政府共产党，而仍名社会党，窃不审其用意。及读《良心》杂志第一期，乃曰"变更社会政治之组织，即为无政府；变更社会经济之组织，即为共产。至无政府与共产两主义实行，斯真成一完全之社会矣。故吾人取名社会党，而不标异名"云云，不知无政府主义可以包括社会主义，惟社会主义则决不能包括无政府主义。今欲以无政府统于社会主义中，乃谓"变更社会政治之组织即为无政府"此语实不合理论。盖政治乃公家机关之行动，与社会丝毫无关。社会乃人群之结合，而无所谓政治之组织。社会主义（Socialismo）则"主张生产机关及产物属之社会"，此外绝无他意。与变更政治变组织，缈不相涉。今误以社会主义能包括变更政治经济之组织，因以无政府与共产为两事而对举之，与此次来书以强权无私产对举，盖同一误会也。

《民声》第 7 号，1914 年 4 月 25 日
亦见《师复文存》

答江亢虎
（1914 年 5 月 2 日）

　　昨接江亢虎通信片第七期，纸缝中縢以数语曰："社会主义、无政府主义各行其是，无事相非。愿孟晋前途，为道自爱，悉其锋锐以对非社会主义者，无以身败名裂九死一生之鄙人为介介。公私幸甚。"云云，读毕不觉一叹。社会主义与无政府主义，岂但当各行其是、无事相非而已，二者实不可须臾离者也。记者所提倡即为共产社会主义，方将竭其一得之愚，思有以发扬而光大之，曾何相非之有？若以足下所道，记者虽陋，窃不能认为社会主义。恶莠之乱苗，恶紫之夺朱，故辄不揣冒昧，有所论列，欲使世人知社会主义之真相。正如来教所谓"悉其锋锐以对非社会主义者"也。足下发起中国社会党于今三年，记者未尝下一字之贬语，至去年社会党被禁，始略有所评论，其中苦衷，已于《答道一书》中详道之，近见一般学子仍不免误认足下之所倡为真正社会主义，而足下近复在美洲奔走传播，不良之种，将散于海外。记者为保障吾道，心所谓危，即不能复顾私谊，缄默不言。然已声明为研究学理，并非訾议个人，此心当为天下所共谅，记者与足下无一面之雅，以同揭社会主义之标帜，故亦未尝不互相思慕，又何事以足下个人为介介耶？记者不肖惟视真理为性命，故凡有似是而非不当于真理之说，无论出自何人，必反对之。如足下者，无论其为身败名裂、九死一生之江亢虎欤，抑为誉满天下、逍遥快活之江亢虎欤，记者均所不计。盖反对其言论而非反对其个人故也。以公义言，则学理以辩论而益真，以私交言，则君子当乐得诤友。亦正所谓"公私幸甚"者，又何必先设成见，拒人于千里之外耶？

《民声》第 8 号，1914 年 5 月 2 日
亦见《师复文存》

答嵩任
（1914 年 5 月 2 日、9 日）

读嵩任君来书，盖与吾人主义完全相同，诚一好同志也。特以辨别名义之间，略有误会，答此释之。

> 来书曰：读《民声》第五期无政府共产主义释名……然……大著曰："吾人欲表揭一正确之定名以号召天下，莫若名之曰无政府共产主义。"此其名义诚能赅括一切。独是括弧内之简称则嵩任窃不以为可。无政府共产云者其于文字初未尝有累坠冗沓之弊，何所用于简称哉？若必强用此简称，徒言无政府而不言共产，则无政府共产主义能兼赅社会主义一语，恐不能得世人之信仰矣。

答：吾人所主张之宗旨以用无政府共产主义之名为最明晰，然简称则曰无政府主义者，一方面为言辞上之便利，而又一方面则从世界之通称。此主义在克鲁泡特金以前，大抵止称曰无政府主义（Anarhismo）耳。自克氏学说日益流行，无政府共产主义（Anarhiist-komunismo）之名，用者始众。然苟非辨别学派之时，普通称谓，仍不离无政府主义之简称也。故记者之意，以为表示吾人所主张，固以无政府共产主义之名为最当。惟有时简称曰无政府主义，似亦未尝不合。（但非如来书所谓强用此简称。）若必以为不可用则必废 Anarhismo（无政府主义）一字而后可，又必谓吾人所主张非 Anarhismo（无政府主义）而后可，恐无是理也。至谓（徒言无政府而不言共产则无政府共产主义能兼赅社会主义一语，恐不能得世人之信仰）云云，此则未免误会。所以简称曰无政府主义者，正惟以无政府已能兼赅社会主义，而非谓无政府共产主义始能兼赅社会主义也。（若言共产，则已明标为社会主义，又何必言兼赅乎？）盖无政府主义一语，以严格之界说言之，则"主张人民完全自由，不受一切统治废绝首领及威权所附丽之机关"之谓。若从其广义言之。则无政府学说无不主张废除私产制度者。故一言无政府主义，习惯上及实际上均含有社会主义于其中。克鲁泡特金亦曰："无政府主义乃废除政府的社会主义。"此吾人不妨通称曰无政府主义之说也。但有当注意者，记者之所谓简称，乃谓吾人表示主张有时可简称曰无政府主义，而非以"无政府主义"为"无政府共产主义"之代名词也。此中辨别虽微，然以论理学绳之，即厘然有别：盖无政府主义为 Anarhismo，无政府共产主义为 Anarhiist-komunismo，一为公名，一为专名，二者自然不能相混。犹之"支那人"可简称曰"人"，然不可以"人"字为"支那人"之代名词也，故吾人只可谓无政府主义能兼赅社会主义，而不可谓无政府主义能兼赅共产主义。用无政府主义之简称时，亦只可于非辨别学派时用之，其名之含义则仅及于废除私产而止。而尚未明标其为共产。凡集产（Kolektivismo）独产（Individualismo）等派，亦未尝不主张废私产。而近世之独产党，更常混于无政府党中。故苟当辨别流派或欲表示其为共产时，自然当用无政府共产主义之具名无疑。

　　来书又曰：且大著中自"由此言之"一（段）［段］起，所称之无政府主义皆系无政府主义之简称，当无疑义。而于辨无政府共产主义与社会主义，则又曰社会主义对于经济的无政府主义则对于政治的，……既曰无政府共产主义能兼赅社会主义，而又曰无政府主义系专对于政治的，此其说能免矛盾相陷之讥乎？

　　答：来书之满腹疑团，实因有一根本之误会。即误会本报简称之说。以为"无政府主义乃无政府共产主义之代名"，于是凡本报所用之无政府主义皆读为无政府共产主义。既易本报"无政府主义能兼赅社会主义"一语为"无政府共产主义能兼赅社会主义"已成辞费，而于本报"无政府主义则对于政治的"一语亦读无政府共产主义，且于其中加一专字，几成为"无政府共产主义系专对于政治的"，吾恐三尺童子亦不肯说此语。无怪来书以为矛盾矣。岂知所谓"无政府主义"，从严格之界说，自然系对于政治的；惟从其广义，则可以兼赅社会主义。词意本甚明瞭，曾何矛盾之有？

　　来书又曰：至谓社会主义之名词为近世集产社会党所习用，而无政府党人往往即沿用其习惯之名称而反对之。此说尚任亦为不取，夫社会主义不亦有最明瞭之定义乎？……而徒曰反对社会主义人将不知吾人之所反对者为习惯沿用之名称，而谓吾人之所反对者为社会主义之定义矣。

答：欧洲近来社会上之习惯，几几乎以社会主义专属诸运动选举之社会党。故无政府党从而反对之。此乃事实不可诬也。然本报前论之所以引举之者，不过极言社会主义一语之含混，用以证明无政府主义之不应混称社会主义耳，并非提倡此种论调也。（故下文即明释之曰非反对真正之社会主义云云。）若就近世之习惯言之：则一言社会党，人人心目中皆认为集产派之社会党，而断不至有所误会。犹之人肉与禽兽之肉，皆名为肉，惟习惯上人人皆指食禽禽肉者为食肉，故一言不食肉，人人皆知为不食禽兽之肉，而断不至误会为不食人肉也。

来书又曰：……然而始终未尝以无治主义之名词为非。盖人不相治，是谓无治；人自为治，是谓无治。政府以刑法、军备及种种恶制度治人，是之谓治；资本家及地主以金钱魔力及种和恶行为治人是之谓治。所以无治云云实不专对于政治的，而亦兼对于经济的。吾人于此未尝不可以无政府共产主义之定义与之。

答：无治主义之名，虽不知始自何人，然以记者所知，则以宋教仁《社会主义商榷》一文用之最先。顾宋氏胪列社会主义之派别曰"一无治主义即无政府主义，二共产主义"云云，是则无治主义之名，其初仅以代无政府主义而已。今来书并欲代无政府共产主义，此则未之前闻也。案治之故训为理，（《说文》治本水名，段玉裁谓假借为理字因训理。）《尚书》之所谓治民，《戴记》之所谓治国，《孟子》之所谓治人，皆言上之理下也。故政府之行动谓之政治，其性质为束缚自曰，若资本制度，则以阴谋掠夺劳动者劳力之结果，其性质为剥夺利益。二者本不能一例。来书乃谓"资本家及地主如何如何治人"，又谓"无治兼对于经济的"不免牵合附会。无治则无政治而已，简单直捷，与经济方面纯无关系。故"无治主义"之不能代"无政府共产主义"实可断言。抑即如恒人之用以代"无政府主义"，记者亦以为不可，其故有二。一以无政府之名，用之已久，耳目既习，故一言无政府主义，即可知此主义之概念。若"无治"则知者殊鲜，亦无人为下一定之界说。（如常人用以代无政府主义，而来书则用以代无政府共产主义是为无界说之明证。）凡一学术上习用之名称，苟非有奇谬大误，即不应轻率改易，以乱耳目。况如无政府一语，用以译 Anarhio 意义实吻合无间者乎？此一不可也。二以无政府一语，实吻合乎 Anarhio 之意义，若"无治"则意虽近似，仍未吻合。凡破坏政治，反对政治，皆可称为无治，而于 Anarhio 则尚去一间也。此二不可也。是则无治之名，用以代无政府，尚且不可，更何有于无政府共产乎？

> 来书又曰：三二学社……其性质为党人自由组织之团体，而非全党附属之机关，大著谓为中国社会党所创用，殊与事实不符。

答：本报谓三无二各之名为中国社会党所创用，其所以举述三二学社者，特以证其用三无二各之语耳。非谓三二学社为中国社会党之全体所组织，亦非谓三无二各之语为中国社会党全体所创用。其意盖谓创用此语者为中国社会党之党人而已。在华文称一党之全体与称其党人，均可谓之某党，譬如言某某为社会党，固非谓某某为社会党之全体也。

> 来书又曰：三二云云诚不免稍近靡谩，然而支那文人之积习往往如此，所谓要言不烦者近是，初非有意亵侮堂皇正大之主义也。

答：既近靡谩，既为文人积习，则其不当可知。更何能谓之要言不烦？（要言不烦、靡与谩及文人积习适成极端之反对。）所谓要言不烦者，必能以一二语赅括无数要理于其中，方克当此。今所谓三无二各者，果为何等物耶？无政府，无家庭，无宗教在学理上又有对举并列之价值否耶？根本上名既不正，所谓要言者安在？然则虽非有意亵侮，而事实则明明落于亵侮矣。

> 来书又曰：且既为学社，其旨趣行事，皆与党帜有间。故此项团体之名称，不与其旨趣相抵触斯已。不必泥定以名其团体者名团体中之旨趣也……对于三二学社之命名，……又何必丑之唯恐不尽耶？

答：本报前论只谓三无二各之名之不当，而举三二学社为用三无二各之名之证，惟始终未尝论及三二学社之命名。盖前论之意在辨正学术之名称而不干涉其他。今来书乃误会本报为论三二学社之命名，且以为丑诋三二学社，此则未细读本报之过也。然来书既为三二学社之命名解释，然则必以三二学社之命名为当矣。既以三二学社之命名为当，则三无二各之名亦必因之而俱当。若然，则足下当有说以证明之，斯固记者之所乐闻也。否则三无二各之名根本上既已不正，而本此语以取名之三二学社，其不当自无可为讳。更何必为之解释耶？来书乃曰："此项团体之名称，不与其旨趣相抵触斯已，不必泥定以名其团体者名团体之旨趣。"窃谓此语不免近于自欺矣。三二学社发起之初，非尝刊布绿色之小传单，开宗明义即曰"纯粹社会主义有三无二各之学说"乎？非明示以研究三无二各之学说为宗旨者乎？是三二学社之旨趣明明与其名称相同矣，何今竟谓不必泥定耶？要之三二学识之命名，本报以为无庸深论，所恶者在以三无二各四字名此学说，斯则大大不可耳。

> 来书又曰：无政府无强权云云系消极的、排除的，而共产云云系积极的、组织的也。

答：来书如此分别无政府与共产二语，实无有是处。无政府主义之定义，在学者解释，实甚包举。如克鲁泡特金所谓无政府主义即废除政府的社会主义是也。然学者之解释尚不免聚讼。则莫如取欧文大辞典所下之界说，本报前论所谓"主张人民完全自由不受一切统治废除首领及威权所附丽之机关"，即由某氏之法文辞典及某氏之世界语辞典所译出。既云主张人民完全自由，其义已无所不包，安得谓为消极的、排除的而非积极的、组织的乎？如老氏之学说乃真所谓纯粹消极的、排除的者，若无政府主义之学说，无论其为巴枯宁派，为克鲁泡特金派，为托尔斯泰派，或为都克派，其所主张对于政治，对于法律，对于产业，均有卓然成家之积极的主张，断无纯粹消极的者也。特以"无政府主义"乃公共之名，尚未表示其属于何派，于是主张共产者乃有无政府共产主义之称，而主张独产者则亦可曰无政府独产主义也。于此可见无政府共产一语，实不能分别之曰此为某的，彼为某的者也。

《民声》第 8 号、9 号，1914 年 5 月 2 日、9 日
亦见《师复文存》

答英白
(1914 年 5 月 2 日)

　　来书云："袁之该讨实不背于社会主义，特所讨者不当以袁为限耳。窃以为大同之业，首一级在锄去强权，而发轫之始，则先其本国，非有所谓国界也，以其人情风土之所习而易于尽吾力也。就以人类言：吾国居地球四分之一，得所事焉，亦未始不可以促进人类之幸福。视其所持之道如何耳。"据来书之意，以为讨袁即为锄去强权，又以为可以促进人类之幸福，又谓所讨者不当以袁为限。然则足下乃讨政府党而非讨袁党也。苟有政府，苟有强权，足下必讨之矣。诚如是也，则记者当五体投地，奉尊论为经典。然而记者不敢决定足下之本意果如是也。在一般讨袁党其心目中，除讨袁外几无第三字。若曰袁氏一去，孙文、黄兴出而登总统之位，天下便太平矣。足下固有识者，其见地断不如是之陋。然以吾意度之，足下之所谓足以促进人类之幸福者，度亦不过如时髦所云建设真正之共和政体而已。若然则与锄强权之说又自相矛盾矣。世界之所谓共和国，若美若法非一般政客所日夜梦想者乎？然试问其国人民能得真正之幸福否？有政府一日即有强权，有强权一日即不能有真幸福，此理固甚浅也。故记者之意，以为足下不言锄强权则已，苟言锄强权，则当易讨袁之帜为讨政府。凡有政府吾皆讨之，袁世凯虽去，继袁世凯者吾亦讨之，斯乃真所谓不背于社会主义者矣。否则甲仆乙兴，以暴易暴，又何强权之可去而幸福之可得耶？下焉者且日以金钱禄位及种种恶劣手段诓骗无知军人仓卒暴动，事成则总统都督，不成则逃亡海外作富家翁，围棋写字弄下女，以度快活之岁月于蓬莱三岛，而以吾亿万平民之血肉为孤注。斯不独记者所谈之齿冷，抑亦足下所闻而发指者也。

《民声》第 8 号，1914 年 5 月 2 日

亦见《师复文存》

五月一日
(1914 年 5 月 2 日)

　　昨日何日乎？非有名之五月一日乎？非万国工党同盟罢工之纪念日乎？是日也，吾欧美之同胞，无不相率罢工，示威运动，警察为之忙乱，军队为之纷扰，资本家为之胆落，政府为之心悸，一般坐食之寄生虫为之慄慄危懼，如临深渊。每经一度之五月一日，工党之进步必愈速一度。今年已入二十世纪之十四年矣。社会革命之时机愈熟矣。"资本制度"之末日将至矣。距今日本报出版二十四小时之前，吾欧美同志所演之好剧不知若何轰烈，若何花团而锦簇。惜相隔东西，消息未至。回顾吾支那之劳动同胞，则皆在沈酣鼾睡中，不独寂然无声，抑且不知吾神圣之五月一日为何物。令本报无只字之资料足以报告于读者，全纸为之黯然无光。噫可哀矣！吾亲爱之劳动同胞乎！尔其何时始出今日万丈之地狱乎？尔其何时始从好梦中遽然醒觉，奋臂力战以锄此人类蟊贼、万恶魔王之"资本制度"而无负此五月一日乎？企予望之矣！

《民声》第 8 号，1914 年 5 月 2 日

亦见《师复文存》

论社会党
（1914 年 5 月 9 日）

　　顷得社会党发起人乐无君来书曰："足下既批评孙江二氏之社会主义，尚望以抉社会党二纲六目之瑕疵。既释众疑，亦为亚东社会主义史中留一鸿爪。"云云。犹忆前年社会党发起时，愤愤、乐无诸君屡函招邀入党。惟记者对于社会党约章及其组织法不甚满意，未敢轻诺。方欲有所论列，又以其时社会党与江亢虎所领之中国社会党互相水火，凡所非难，颇轶出辩论主义范围之外，记者颇不以为然。对于两党是非，自守中立，而不欲加以评论，致助其激争之焰，故卒未赞一辞。今虽时移境迁，然乐无君既拳拳下问，记者亦乐得此机会。一述从前所未发表之意见，读者幸勿以明日黄花见诮也。

　　记者对于社会党之意见，当分为数问题如下：

　　（一）社会党之立名果当乎？读《社会党约章》，盖主张无政府共产主义者也。乃不名为无政府共产党，而曰社会党，揆其原因，盖误认社会主义可以包括无政府主义之故。记者前于《答乐无》中已略言之。大抵社会主义之在中国，幼稚殊甚。能介绍其学说于国人者，尚属寥寥。时人对于社会主义之定义及界说，均不注意。好古者则又执其保存国粹，崇拜祖国之陋见，取中国经籍牵合而附会之，以为社会主义本吾国所固有。而社会主义之为〈何〉物，乃愈觉迷离诞幻不可究诘。甚至一切革新事业，近于自由平等之类者，皆以为社会主义所能包括。而社会主义之真谛反而因此而愈晦，此实社会主义在中国之不幸也。今社会党发起诸君岂遂不知此。而仍未能免俗，则甚矣习之难移矣！记者以为无政府党不可名为社会党，其故有二。一，学理上之不可。社会主义之定义，有以为"主张废除私产而以生产机关（土地器械等）属之社会公有"者，此普通之定义也；有以为"主张废除私产而以生产机关及其所生产之物（衣食住等）全属之社会公有"者，此严确之定义也。社会主义之学说，千流万派，要其大致，不离乎此。盖纯为社会的学说，而非政治的学说。与无政府主义不能相混者也。今社会党既宣言消灭治人者与被治者之阶级，显然为无政府党，即非复社会党三字所能包举矣。二，事实上之不可。社会主义本有共产集产之殊，而近世之所谓社会党，则大抵为主张集产者之通称。如英美之政党的社会党均但名"社会党"，而各国之社会民主党通称亦曰"社会党"。今既主张无政府共产，而又取名曰"社会党"，将何以自别于各国之社会党及社会民主党乎？或者乃曰：此为欧美各国之习惯，吾辈不必奉为圭臬。不知社会党非一国的，乃世界的。文字或有国界，而学术则无国界。社会党、社会主义之名，乃由翻译欧文而来，并非中国所自创。岂复能以国粹骄人？况即在中国，江亢虎之中国社会党，人人皆简称为社会党者也。今主张既不同，名称乃相混，致令举述者不得不辨而别之曰："愤愤、乐无所发起之社会党。"曰："江亢虎所发起之社会党。"其冗沓词费为何如耶？记者曾晤一英国社会党人，示以英文无政府主义之《自由》报。彼一见骇问曰："子非主张社会主义者乎？何故爱读此报也？"予笑应之曰："何尝非社会主义，特共产的社会主义耳。"彼复曰："然则子非社会党矣，不然，何与江亢虎所言各异耶？"于此可见今日之习惯，以为"必江亢虎之徒始为社会党，必江亢虎之言始为社会主义"者，固不独中国人为然矣。如是吾人又何取此含糊影响之社会党三字乎？至《约章》第二条以极端社会主义为宗旨，其名亦有所不安。已于《无政府共产主义释名》详论之，今不赘述。

（二）无政府党有组织机关之必要乎？无政府党极端反对管理代表等权，而主张绝对自由者也。故无政府党不应如当世之政党，组织机关，自定党纲，招人入党。各国之无政府党，大抵只有自由聚集之场所，而无全体固定之机关。其性质不过如俱乐部，其作用则传播聚谈而已。其集合亦完全自由，而无一切手续。盖凡主张无政府主义者，即为无政府党，非必写一志愿书，领一入党证，然后可谓之党员也。无政府党之行事，皆自由独立，不受指挥，不俟全体之议决。即或有联络多人同时并举之事，亦只由同意者合力为之，而非如当世之党会由党中少数人议决一事而令党员遵行也。今社会党乃悉取当世政党之形式：有章程（即约章），有党纲（即二纲六目），有入党限制（须党人介绍及守戒约），有入党志愿书，有党员证，有党旗，有分科干事。凡此皆与无政府宗旨相抵触者也。据记者个人之见，以为吾党如必欲设聚会之地，惟有建置研究社或俱乐部之法，无论何人，凡愿为无政府事业者，即可为会友。藉此以为传播主义聚会研究联络交谊之地，固甚善也。若欲宣布吾党公共之意见，则当别开"无政府党大会"，当众讨论吾人进行之方针及当今之事业，发表宣言书，布告于社会，以示吾人之所主张者，如是如是，吾人进行之共同目的，如是如是，庶几与吾党宗旨不背耳。［但今日中国内地同志寥寥，开无政府党大会之时机，似尚未至，吾人惟有于万国无政府党大会时（本年开会于伦敦），取其种种报告，译为华文，宣布于众足矣。］

（三）无政府党有制定党章之必要乎？世间政党，皆由三二党魁，制定党纲，本此党纲，以号召徒众，故一切皆以党魁为主动，而党员为被动，实则利用多数党员之声势制造党魁之名誉，以为他日禄位之阶梯耳。若无政府党则各个独立，人人有自由发表其意见之权，安能以少数人之意见，制定党纲而强多数人之同意乎？故吾可断定之曰：无政府党不应有所谓党纲。然则无政府党无一定之主张乎？则应之曰：有无政府主义之根本要义，即无政府党一定之主张。此为凡无政府党所同具，可以不言而喻也。顾一般社会，未能共晓，无政府党乃随时发表意见于大众，有个人发表之意见，即书报演说等是也；也有公共发表之意见，即本大会讨论之结果用"无政府党大会"名义所发表之宣言书是也。二者皆自由言论，而绝无所谓党纲党目之名称。今社会党之二纲六目，其非个人意见，固不待言，若比之大会之宣言书，则又不可。盖社会党纲目，乃悬此以召集党徒，与宣言书之但发表公共意见者固迥别也。《社会党约章》明著入党者须信从纲目之条。曾亦思信即崇信，从即服从，崇信服从，固无政府党所极端排斥者乎？其与各政党之服从党魁果何以异乎？

（四）二纲六目之分别果合乎学理乎？今故舍无政府党不应有党纲之说，专论二纲六目之当否。社会党之纲目曰："纲一，消灭阶级，目：（一）贫富（实行共产），（二）贵贱（尊重个人），（三）智愚（教育平等）；纲二，破除界限，目：（一）国（无远近），（二）家（无亲疏），（三）教育（无迷信）。"此二纲六目者，条分缕析，有如表格；两两对举，无异骈丽。所谓文人积习，原不应施之发布公共主张者。然特小疵，可无深论。第论其落落大者，不当亦有数端——今世所谓智愚，特比较的形容词耳，非如贫富贵贱之显示区别者也。富贵者虽愚，亦俨然居于民上，贫贱者虽智，终不能不受制于人。是则智愚又何阶级之可言？宗教之派别繁多，出主入奴，自不免各有界限，第吾党之排斥宗教，其目的不在泯教争，而在于除迷信，重自由。是则又何界限之可言？此纲目分隶之未当一也。消灭贵贱阶级尊重个人一语，其以尊重人权为尊重个人耶？则尊重人权乃法律家之所尚，而非无政府主义所有事。其以个人主义为尊重个人耶？则个人主义（Indivdualismo，在社会主义学派中又译独产主义）与共产主义（Komunismo）学理上各相背驰，恶能同时并举？及读《社会党纲目说明书》，则其意盖指消灭治人者与被治者之阶级而言。然则质而言之，实无政府耳。夫无政府党之废除统治机关，不受法律束缚，此乃恢复人类之完全自由，其意义不但尊重个人，其目的亦非徒平贵贱而已也。苟欲表示无政府之意，最简单者莫若曰废除政府，否则曰废除统治机关，又否则曰废除治人者与被治者之阶级，然后意可以明瞭。若徒曰尊重个人，则不知其主张云何矣。此第一纲第二目措辞之未当者二也。实行共产，废除政府，此诚为无政府党之根本要义。若夫教育平等则未可与之并语也。盖今日之教育之不平等，乃由于贫富之不平等。未行义务教育之国，贫者固末由得丝毫之教育，即义务教育已行，贫者终末由得高等之学问。科学美术，徒为富人之专利品。此非有他种原因也，贫富阶级使之然耳。今既主张共产，贫富阶级既除，教育又安有不平等之患乎？吾党所有事者，惟在剿灭强权。强权之魁首（政府与资本家）既去，即百事皆了。其时如何工作，如何教育，自能由大众之公意条理而布置之，势如破竹。而今日则不必特别提出者也。彼政党则不然，欲以政治之力实施其政策于目前，故往往有所谓教育普及教育平等之党纲。而江亢虎亦主张社会政策者，故其党纲又有教育平等之条。若无政府党性质既殊，即亦无庸相仿，此教育平等与无政府共产并列之未当者三也。国界者，政府之所造成者也。小则争权利，大则起战祸，皆由政府发生之，与平民无与。苟无政府，吾平民即能互相亲爱，又安有所谓国界乎？家族主义虽为强权之一种，然其细已甚。苟无政府，苟无私产，家族即末由存立。盖法律既废，婚姻之制自然消灭；公共教育之机关既备，即亦无人自私其家室。而谓此时尚有所谓家族，吾不信也。此破除国界破除家族列入纲目之未当者四也。此外二纲六目之当存者，除"无政府共产"之根本要义外，惟一破除宗教而已。宗教为保护强权之利器，导人安贫守分，服从强权。排除宗教，即使人思想自由抵抗强权。故凡宗教皆在无政府党所排除之列。

然由其本原论之，则宗教究不过政府与资本家之附属物耳，排除宗教，自是无政府之一种手段，而不必与无政府共产之根本要义并列而对举如纲目所云云也。故吾人常谓政府为万恶之源，政府一去，百事皆了。惟对于产业之意见不能不示明确之主张（即以别于集产与独产），自有"无政府共产"一语遂可以赅括无遗矣。

（五）无政府党有预定建设之事业乎？《社会党约章》有曰："事业分鼓吹、进行、建设三种。"鼓吹、进行诚为无政府党所有事，若所谓建设者（原注指育婴院、学校、医院、养老院、农工场、公园等），其指推倒政府后之建设耶？则其时已为无政府之社会，人人皆为无政府之民，而不复有所谓无政府党。如何建设，自有大众无政府之民各尽所能而为之，不必专属之无政府党，更不必今日之无政府党预为之设想也。其指现在之建设耶？则无政府党方竭其心力以谋推翻强权之不暇，尚有何余力，有何余财，以作此补苴弥缝举一漏万之建设乎？大抵今世俗人每以办事二字为口头语，凡一党一会，必须有创办之事，始合时趋，无异贸易之公司焉。今社会党亦不能免此，于是有建设之条，此实不明无政府党与政党性质之分别者也。政党以施行政策为职志，建设建设，固属时趋。若无政府党则以推倒强权为职志，除传播主义实行革命之外，皆非无政府党所有事，又何贵有所谓建设者云云耶？今世之无政府党，固有组织工会、建设学校以图主义之普及者矣，然此乃传播事业之一种，乃党人运动之方法，而非所云于建设也。

（六）无政府党当有戒约乎？《社会党约章》有不作官吏，不作议员，不入政党，不充军警，不奉宗教，不称族姓之戒约。必遵守戒约者始能入党。窃以为过矣。所戒之事，皆无政府党所反对之事，既以无政府为宗旨，自不必复立戒约。此无政府党不必设戒约之说也。无政府党以绝对自由为宗旨，不能预订戒约，使人遵守，虽戒约六条，大抵采自记者所发起之心社社约中。然心社与无政府党有不同之点：心社乃以道德问题为准的，除社约外无他事。故有与社约同意者，集为社友，其于自由之旨固无背也。若无政府党则以推翻政府及资本制度为目的，凡从事于此目的者，即为无政府党，而不必再问其他。乃于目的之外，加以种种限制，便与自由之旨冲突矣。此无政府党不可设戒约之说也。不独此也，无政府运动之方法，不能限以一格，故无论何种社会，皆当有人以运动之、鼓吹之，而尤以军人社会为最要。故常有坚忍之同志投身军队以行其活泼之运动者。今乃弃之如遗，相戒以不作军人，不亦自绝其运动之路耶？且军人既被拒于无政府党，则军人必为无政府党之敌。欲行革命，而反自树革命之敌，何其不思之甚耶？（至心社所以有不作海陆军人之说者，以心社乃道德的问题，社会运动则非心社范围内之事。故凡与真道德相违反者，皆得列入社约，倘其别有怀抱欲隐身军队以行其革命之职志者，则可暂居赞成人之列，而吾心社亦不至失此良友也。）然则戒约之当毁，可不烦言而解矣。

以上为记者个人对于"社会党"之意见，而非攻击社会党，读者当分别观之。

《民声》第 9 号，1914 年 5 月 9 日

亦见《师复文存》

《反对家族主义》书后
（1914 年 5 月 16 日）

　　反对家族主义及自由恋爱之学理，已略如兹编所述。近见世人昧于此种真义，致生种种误会，颇足为主义之障碍，今当有以解之。世俗无赖，以纵欲渔色为生涯，不知生理与心理为何物，一闻自由恋爱之说，辄欲借为护身之符。而一般社会，亦遂误认此辈之行为，锡以自由恋爱之徽号，反对者乃愈得所藉口，此最大之误会也。亦有二三君子，道德厚重，明知家族之害，思有以破除之，而鉴于世人之误会，不敢持极端之论，遂致强生别解，以为自由恋爱须以道德为强制，或又以为自由恋爱仍当专属于一人，以期自异于一般之无赖。其结果乃至自由恋爱与自由婚姻实际上几无区别。所谓"楚则失矣，齐亦未为得也"。窃以为自由恋爱，其根本之原理，乃在去束缚而取自由。男女之交合，由于生理作用之不得不然，自宜纯任自由，而不容有所拘制。惟所谓自由者，乃男女两人之自由，而非单方之自由也。彼辈恃金钱及种种手段以购买他人之爱情，侮辱他人之身体，视人类为玩物为货品（如妍室、狎妓、狎优、诱奸、迷奸及其他等等皆是）。在女子一方面，或为势迫，或为利诱，或为甘言诡计所炫惑，皆绝对之不自由。在男子一方面，则为侵人自由，蔑视人道，实与强奸无异。此正自由之蟊贼。自由恋爱之名，岂此辈所能假借者耶？然苟男女二人，互相爱悦，以纯粹之爱情，自由结合，而绝无强权金钱骗术等关系于其间，是即为合理之恋爱。而不必问其专一与否，久暂若何。爱情既出于自由，更不必有所谓强制。倘若预悬一格，以为当属于专一，又必期以长久，甚或侵入道德问题（婚姻制度之大谬点，即在误生理问题为道德问题）。此皆与生理学、心理学相抵触，而尤背乎自由之真理者也。至有虑自由恋爱既行，男女之肉欲必益炽，将于卫生有妨害者，此亦不足为虑也。男女之交合，乃由于生理作用之不得不然，犹之饥则思食，为生理作用之当然。而饮食过多者足以致病，反为生理之害。男女亦然。交合为生理所必需，而过多亦足以生病。交合过多者世谓之淫，淫非生理所固有，乃由于习惯而生。盖凡肢体愈习用则愈发展（如习于行路者足力健，习于拳击者筋力强）。故习于多食者食欲愈炽，成为饕餮，习于交合者肉欲愈炽，成为淫夫。顾今人之往往习成为淫，其原因亦有二：一则由社会恶劣，可以金钱买交合；一则由婚姻制度，夫妇同居，几以交合为惟一之义务。交合之机会既多，则人之习为好淫，亦固其所。然若自由恋爱，则二者皆可免除。纯以男女二人之爱情为根本，其机会岂能多得？又何至习为好淫？故吾谓自由恋爱之理明，男女之肉欲必较轻，而交合之度数亦必较减，即此故也。惟处于今日之社会，自由恋爱之所以难行者，厥亦有故，即妇人经济不独立是也。女子既不能自营生活，无论如何，势必有所倚赖于男子。如是则爱情之施与，复安有丝毫之自由？呜呼，此经济革命之所由急也。

《民声》第 10 号，1914 年 5 月 16 日

亦见《师复文存》

答迦身
(1914 年 5 月 16 日)

来书以吾党急进之法当如何用之为问。记者以为吾党进行之手段，当因乎各地社会之情形而异：有宜于急进者，如今日欧美之情形是也，有不能急进者，即中国今日之现象是也。总而言之，"传播"乃吾人无时无地可以或息之事业，由今日以至于无政府成功皆所谓"传播时代"也。文字口舌，奔走鼓吹，此固谓之传播；即暗杀罢工暴动大革命，亦皆为之传播之作用。克鲁泡特金即主张以猛烈手段为传播之方法。所谓三数日之风潮胜于数十万册之书报者，盖谓此也。记者固完全服膺克氏学说者。惟欧美情势既隔，非吾人所能为力，以言中国则机会未至，不能少有所待，姑用全力以从事于文字口舌之鼓吹，苟一旦时机既熟，则记者近日之秃管一枝，异日即可变为轰动全球之炸弹。特所谓急进者，终不过藉为传播之力，而未必一举即可成功。当其未成功之前，不能限定取何手段，惟察其所处地方时势之如何，以致吾力而已。

《民声》第 10 号，1914 年 5 月 16 日
亦见《师复文存》

答悟尘
（1914 年 5 月 16 日）

来书疑共产主义"各尽所能，各取所需"二语已有无政府之意义，又疑共产主义即无政府主义之变相。此大不然：共产主义（Komunismo）与无政府主义（Anarhismo）明明为两种学说。（有主张共产而不主张无政府者；亦有主张无政府而不主张共产者。）无政府主义本质为对于政治之学说，虽舍对于经济之意见，而不限定为共产。共产主义则纯为对于经济之学说，（"各尽所能，各取所需"二语出自法之鲁意布朗专为生产分配而言。）而对于政治之意见，则尚未表示。倘共产主义而兼主张无政府者，是谓"无政府共产主义"（Anarhiist—komunismo）。此中区别请细读本报前数号各论，当能了然也。

来书又问共产实行之始，吾人衣食住之配置必须有详细组织方法预示世人云云。夫各尽所能，各取所需，非即最完善之方法乎？非即衣食住配置之方法乎？吾人须知无政府共产主义乃绝对自由之主义，无所谓繁密之组织，所贵乎繁密之组织者，特集产主义耳。资本制度之末日一至，吾人即各尽力工作以供给吾人之衣食住。有屋者可居之如故而不必给租，无者即居于无人之屋，又不足则大众合力建筑以居之。大衣服店之衣服，均吾人之衣服也，可往取之。大粮食店之粮食，均吾人之粮食也，可纵食之。此等平平无奇之事，尚须吾人预定方法以教之乎？若恐物产不足，美恶不平，或从而起争端。则吾人第一著当先知共产主义何以能实行？以社会革命之成功也。社会革命何以能成功？以平民多数已知共产主义之真理，乃同起而革命也。社会革命与政治革命有厘然不同之点：即政治革命为英雄革命，为少数人革命；而社会革命则平民革命、大众革命也。政治革命二三英雄运用手段，便足以成功；而平民大多数均不知其所以然，故革命之后，组织机关制定法律等事即须随之而起。若平民革命则大多数已明此真理，一旦成功即以真理为天然之法律（非真法律）而已，又何至有种种争端而须预谋组织防范之方法乎？若犹疑吾言，则请细读《无政府主义浅说》及其他诸家之学说，自可涣然冰释矣。至于工作之分配，公共教养之设置，此更容易，亦无非各尽所能，各取所需而已。此时平民既能推翻政府，推翻资本家，试思其聪明才力何若，岂有此等小事而不能处置裕如者乎？至谓须有一至精密详细之图说云云，此在小说家不妨各以其所见而为之，用以为茶前酒后之谈助，若学说则无需乎此也。盖此时社会之进化，人智之特出，固非吾人今日所能拟议，即强拟之，亦必不能密合彼时之情势。且其时人人自由，安能步步趋趋，死守吾人今日之计画乎？总之无政府共产主义乃完全自由之主义，无政府共产之社会乃完全自由之社会。故吾人研究无政府共产主义者，亦当本完全自由之脑想以研究之，而不可杂有丝毫政党政策之见解，如政治革命党之预定革命方略，以为他日如何组织如何施行之地也。

来书又问纯粹社会主义之别是否一为集产一为共产云云。按纯粹与真正，均为有所对待之词。以华文字义释之，似无甚分别。惟日人所用纯粹社会主义之名，乃以译英文 Pure socialism 一语（亦作纯正社会主义），据英人 Kaufmann 所著《社会主义》（*Socialism*）一书其所下纯粹社会主义之定义曰："社会主义认各人之才能不同需要互异因之生产之分配当视工作之多寡以为报酬之比例，故土地资本主归公有，而各人岁入则仍许私有。"此实集产主义之学说也。著者原为集产家，则其以集产主义为纯粹社会主义固无足怪。吾人则不能承认也。至于近日中国学者所用纯粹社会主义之名，则又不同如三二学社之通告曰："纯粹社会主义有三无二各之学说。"而"中国社会党"之章程所谓"于不妨害国家存在范围内主张纯粹社会主义"一语，亦全为调停无政府派之党员而设。故世人遂即以"纯粹社会党"名愤愤等所发起之"社会党"。是则所谓纯粹社会主义，实即无政府共产主义，与前所述相去绝远。然则此一名也或则以集产主义解释之，或又以为无政府共产主义之混名。迷离扑朔，无从分辨。故记者敢断定此为不正之名，吾人屏之勿用可也。至于真正社会主义，乃对于集产社会主义而言，盖吾人常目集产主义为伪社会主义故也。克鲁泡特金尝曰："无政府主义即真正社会主义。"克氏之意盖指无政府共产主义也。要之所谓真正者，对于不真正而言，若无对待，则真正之名亦无由立。故真正社会主义一语，以为无政府共产主义之注释则可，以为无政府共产主义之别名则不可。盖此语本非专名词，亦无一定之界说也。

《民声》第 10 号，1914 年 5 月 16 日
亦见《师复文存》

答恨痴
（1914 年 5 月 16 日）

（一）普通素食家不禁牛乳与鸡卵，其中亦有理由：牛乳非生物，此人所共知者也；鸡卵则虽为未来生物之胚胎，而此时尚未成为有知觉能运动之动物，无所痛苦，故鸡卵与鸡不能并论也。（至有以人胎与鸡卵并论者，此则不能相拟。盖胎未产时，必杀其母，始得其胎。若已离母体，则已名为人，而不复名为胎。与鸡卵之不损其母体者固迥别也。）虽然，此特素食家之通例如是耳。若以记者所见，牛乳鸡卵，必一切不食，方为完全之素食主义。盖食乳者近于夺牛子之食，食卵者亦足以断未来之生机而伤其母心（凡物无不爱其所生）。且牛乳含微菌，鸡卵亦易腐败，与卫生终非所宜故也。惟为初行素食之第一级计，少进乳卵，似亦权宜之法。（因习惯食肉者，一旦素食，往往觉其无味，遂致半途中止者，固不少也。）俟其行之既久，渐知素食之甘，而鸡卵牛乳，亦自悟其腥臊，不期戒而自戒矣。

（二）废除姓氏，乃一己之自由，若对于他人，则称之可也，不称之亦可也。盖其人苟未废姓，则吾虽不称其姓，奈其实际明明有姓何？犹之婚姻为吾人所反对，然苟其人确有夫妇之关系，则吾虽不称之为夫妇，奈其实际固明明为夫妇何？夫姓之所以当废者，以家族制度之当破也。故废姓者当以破除家族为前提。必能破除家族者，方可谓实行废姓。如何谓之破家族？非摈弃其父母，屏斥其妻子之谓也，乃男女独立生活，不相统属，不相倚赖，无复家族的关系是也。不然者，家族未除，徒于名字上不冠以姓，曾又益何之有乎？

答无吾
(1914 年 5 月 16 日)

　　来书以吾人所用之新世纪十四年乃由于耶稣基督之降生岁数而来，因谓以宗教纪年为纪年，不免予教徒以口实。不知此种纪年，已为今世界所通用，无论其人是否为基督教徒，其国是否为基督教国，均无不用此纪年者。如支那、日本原与基督教相去甚远，然苟为世界的交际（无论条约或个人之交通），即不能不用此纪年。而在学术上分别历史之时代，尤必以某世纪为断。然则所谓一千九百若干年者，其起原虽本于基督之降生，而在今日则已成为全世界交际上学术上之公物，而不能复私之以为宗教之所有矣。原夫纪年之法，不过表志年代之符号，而非有若何深意于其间，（中国旧史家囿于正统之论，以纪年为历史学上一大事，门户聚讼，纷纭莫辨适见其陋耳。）苟有一法能令人周知而不偏于一地一事者，即属可用。（如云中华民国若干年，日本大正若干年所谓限于一地。孔子若干年，释迦若干年，所谓限于一事。）今一千九百若干年者，既已通用于各地各种社会矣，吾人又何不可沿其通俗而用之乎？（其不称一千九百十四年而称新世纪十四年者，亦非有他意，不过取其数字简单易于举述耳。）至来书谓当联合世界同志共同研究云云，窃以为殊可不必。一则吾党当研究者正多，为日不给，此事无关宏旨，何必虚费光阴；二则吾党即自定一特别纪年，而社会上除党人外均不通用，反觉其诸多窒碍。何若俟无政府实行时，即以其年为无政府第一年之为愈乎？

《民声》第 10 号，1914 年 5 月 16 日
亦见《师复文存》

答李进雄
（1914 年 5 月 23 日、30 日）

　　来书云："读《民声》第五号《中国社会党之现状》一则……云云余持此以质诸江君，据云'无政府共产主义虽未敢决其可行与否，然亦未尝有只字明白宣言无政府共产主义之非也'云云，据此则贵报所载，不知何所据而云然？抑有所误会也。"答曰：本报谓"江氏对于无政府共产主义已表示不赞成"，盖据江氏通信片第三期江氏演说谓"共产主义恐未易遽见施行"是表示不赞成共产，又谓"无机关、无组织、无契约之说所未敢深信"是表示不赞成无政府。本报又谓"江氏从前尚未敢明白宣言无政府共产主义之非（于其发起三二学社自称研究无政府共产主义见之），今则论调一变"。学社之发起，虽有"能否实现"之疑词，然既结社研究，则自然是赞成一方面为多，故谓未敢明白宣言无政府共产之非。今则曰未易遽见施行，曰未敢深信，是俨然研究有得，知其不易施行，知其不可深信矣。非论调一变而何？然则本报之言，安能谓之无据，又何尝有所误会耶？

　　顾以上所举江氏前后矛盾之论，不过随手举示一节耳。实则江氏一生言论，几乎处处矛盾。本报以社会主义之在中国，幼稚已甚，闻者不察，遽以江氏之言为的论，贻误后学，实非浅鲜，故特著论与之商榷，以期真理渐明，并非好为非难江氏也。足下试读本报第六号《孙逸仙江亢虎之社会主义》一论，当可略知本报之旨趣矣。顾是论所举，仍有未尽之意，今请再为足下言之。

　　江氏最近之论，谓共产未易施行，谓无机关、无契约之说未敢深信，显为不赞成无政府主义共产主义之证。夫赞成反对，均为江氏个人思想之自由，他人何由干涉。独可怪者：江氏往日持论，尝谓共产主义为社会主义之中坚，为社会主义不祧之宗，又尝著论倡三无主义（无政府、无宗教、无家族），又自称倡导社会主义以二各（各尽所能，各取所需）五非（非私产主义、非家族主义、非宗教主义、非军国主义、非祖国主义）为究竟，又自称夙所主张为无政府社会主义，又自愿为无政府党一学子（以上均见《洪水》），据此数节，江氏固俨然一宗旨极定之无政府共产党也。乃一方面又曰未易施行，曰未敢深信，且声明"非无政府党"（见通信片第一期）。请江氏试平心思之，其能免矛盾否耶？然江氏又或自辩曰："余但谓恐未易遽见施行耳，非不赞成也，非反对也；但谓未敢深信耳，亦非不赞成也，非反对也。"若然，吾亦有说以证明之。

按江氏谓共产未易遽见施行，并未说明理由，颇难测其命意。然以上下文参观之，江氏谓"均产集产均非尽善之法，共产亦恐未易遽见施行。鄙人首倡恋爱自由教育平等遗产归公之说……"是明明谓均产集产均不如其所倡之善而易行矣。非是不赞成共产而何？又以江氏平日持论证之，则其反对共产，更有明据。江氏尝曰："……共产主义……与记者平昔所主持者颇相迳庭。"又曰："共产主义之精言不外'各尽所能，各取所需'二语，而徒取所需而不尽所能者将何以待之？若制定规条，过于繁密，则措施之际，必多烦难，近于无事自扰，且甚妨害个人之绝对自由，否则无比较无竞争无希望，孟子所谓巨屦小屦同价谁则为之，其于人类进化似颇阻滞矣。若夫不劝而兴，不惩而戒，无所为而为之者，又恐非一般人之程度所能及也。"又曰："有主张共产论者，财归公众，力出私人，各取所需，各勤所职。然徒取所需而不勤所职者当奈何？……况人之性行既有能有不能，其见之操行又有力有不力。故曰物之不齐，物之情也。若尽十分义务者得十分权利而尽一份义务者亦得十分权利。（原文作亦得一分权利，然以文义考之，一字当是十字之误）就所得之权利言，看似平等，就所尽之义务言实是不平等。且无比较即无竞争，无竞争即无进化，意美而法殊未良也。"（以上亦见《洪水集》）凡所云云皆极端反对共产主义之论。江氏尚谓未尝有只字言其非耶？夫思想言论各有自由，反对共产斯反对共产耳，又何必模棱两可，忽而推崇共产主义为社会主义不祧之宗，忽而自称倡导二各五非，又忽而结社研究三无二各耶？抑江氏既谓共产不易施行，复有种种反对共产之议论，吾辈即不能不辞而辟之，以解世人之惑。江氏之对于共产斤斤以为虑者，即"徒取所需而不尽所能者当奈何"一语也。吾共产党可简单直捷答之曰：倘有此者，吾人可竭诚劝戒之；戒之不听，可以众意屏之社会之外。此非刑罚也，非法律也，天然之公理而已。吾党有一格言曰："必己尽其力之所能者方为清偿宿债之人。"又曰："无业者请他往！"而克鲁泡特金先生亦曰："众人协合而为群，无须条约，无须罚律，无须裁判，惟以公众之热诚行之。有悖谬者，可为众人所屏斥。"此种格言，在共产之世，即为天然之法律，而无肯犯之者。何也？夫良心使之然也。夫良心之失，由于恶劣社会迫之使渐就澌灭耳。（如诈伪乃得衣，食正直者必日就穷，蹙饥寒所迫则流为强劫杀人，此其最显之证也。）若共产之世，无私利之可谋，无金钱之可争，吾人本来之良心，自然发达。相互扶助，各事其事，以工作为幸乐，以无业为耻辱，断无不尽所能而徒取所需之人。即万一有之，吾人惟恻然告以"无业者请他往"一语而已，固无待繁密之规条，苛刻之刑罚也。今人乍见孺子将入于井，未有不趋而救之者，在律书中固未尝有"不救孺子入井者处某刑"之条也。然而无肯不救之者，何也？良心使之然也。各尽所能之理亦然：不必设"不尽所能者处某刑"之条，而人自无肯不尽所能者，亦良心使之然也。共产之世，无物足以蔽其良心故也。况乎工作轻易，时间短少，每日劳动数小时，与游艺无异，人又何苦而不工作耶？至谓人有能有不能，有力有不力，尽十分义务者得十分权利，尽一分义务者亦得十分权利，实为不平等云云。此尤不知各尽所能各取所需之意义者也。在江氏之意，以为人有智愚巧拙之不同，智者巧者所作多，愚者拙者所作少，而所得权利未尝有异，于是谓之不平。不知智愚巧拙，乃由遗传与感化而来，而非其人之功罪。同是人类，智者巧者非天然当驾乎愚者拙者之上者也。（今日之地狱社会，智者才者辄欲居愚民之上，此实最劣之心理。）人乃有理性之动物，己有所长，当以助他人之所短，岂有自恃智巧而与愚拙计较权利之理？况天下事万汇千门，有宜于智巧者，亦有适于愚拙者，分工任事，相需以成，及其成功，则皆相等。如建一屋也，智巧者可任绘图测量之事，愚拙者岂不能胜运砖斫石之劳？及其落成，则绘图测量与运砖斫石，皆为构成此屋之要素，而绝不轩轾于其间也。然则无论何人，苟既尽其所能，即为尽十分义务，纵有弱者拙者竭其能力所作终属无多，然亦不能不谓之已尽十分义务也。彼所谓尽一分义务，亦得十分权利之说，果何自来乎？至谓无比较无竞争，无竞争即无进化。此语尤谬。天演家谓"自由竞争为进化之母"，攻击社会主义者几无不借此为口实，社会主义家则力辟此说，有以为社会主义废衣食住之竞争而仍存道德名誉之竞争者，论据未免薄弱。易其说者，则谓人类进化与一切生物不同，生物之生存竞争，以个体为单位，人类则个体之外，兼有其公共心与社会性，以社会共同进化为目的，而非恃个人之自由竞争。至克鲁泡特金先生更以生物学证明"互助为进化之母"之原则，谓生物之集而成群，必相互扶助乃能生存；所谓"适者生存"一语，即能互助者能生存之谓；而指出赫胥黎优胜劣败之谬，且证明达尔文学说原意并无优胜劣败之论，自是天演学中乃辟一新纪元。自由竞争为进化之母之说，论据全失，而反对社会主义者遂亦无所藉口。不料反对者用以攻社会主义而遭失败之论，江氏乃拾之以攻共产主义，得不令人失笑耶？以自命中国五十万社会党人之代表，而竟承认自由竞争为进化之母，又几何不轻支那而羞天下之党人耶？至其所主张财产独立营业自由云云，其根本谬误，即由于误认个人竞争为进化之母，遂至倡为是说，而不知已大背乎社会主义之原则，视集产主义尚远不能及。记者于本报第六号断定其为社会政策，而不认为社会主义，非苟论也。夫社会主义何自起？起于经济之不平等也。富人垄断生产机关（土地机器），坐享大利，工人则为之奴隶，仰给其工资以度活，不平莫甚于此。社会主义乃从根本上改革之，推翻资本家，取回生产机关，由劳动者自掌之，自用之，此实社会主义共同不易之原则，无论其为何派之社会主义，几皆同此主张。苟非然者，即不能谓之社会主义。今江氏号称社会主义，独于生产机关公有一问题，不敢置一辞，而但曰财产独立，营业自由。虽有遗产归公之言，而私产之存在如故，地主资本家之存在如故，资本势力之跋扈亦必如故，无资本无土地者（即平民）仍须服役于资本家以谋糊口，与今日之资本制度何异？与社会主义之精神相去奚止千里？足下侨居美洲，当知美洲托辣斯之害。彼托辣斯之资本，岂必由遗产而来耶？其资本主之多欲无厌，又岂徒为长子孙之计者耶？但若为子孙遗产计，则煤油大王一分钟之收入，已足坐享数十世而有余。又何必耽耽逐逐，甘与世界公理为敌耶？于此足见遗产归公终不能绝资本制度之流毒明矣。江氏乃欲窃共产之美名，谓共产主义之真精神亦不外乎是，是直不知社会主义、共产主义为何物者耳。

江氏之反对共产，前既论之矣。今当再论其反对无政府之谬。江氏通信片谓："鄙人非绝对否认政治者。……若无机关无组织无契约之说所未敢深信也。"据此以为江氏反对无政府之证，江氏或尚有遁辞。吾今再举其《洪水集》之言以互证之。江氏曰："无政治即无系统、无契约、无机关，如此之世界，试以吾人设身处地思之，能安居乎？能进化乎?"痛诋无政治之流弊至于不能安居不能进化,谓非反对无政府而何?江氏尚有辞可遁否?无政治何以不能安居?何以不能进化?江氏并不能道出只字,而惟信口讥议。既不研究无政府之学说,而一概字之曰无系统、无契约、无机关,又不审所谓无契约、无机关之意义,而以为纷纭扰乱之谓。其武断为可恶,其鄙陋抑又可怜矣。无政府之学说,千条万绪,有主张无契约说者,高得文、托尔斯泰、司梯尔等是也。有主张有契约说者,蒲鲁东、巴枯宁、克鲁泡特金等是也。重理想者主无契约说,而重实行者则大抵主有契约说。今请举克鲁泡特金之学说以代表之。克氏曰:"无政府之世,众人结合而同活于社会中,不本于强权之管辖,而本于众人之协约。"又曰:"无政府之世,法权全灭,信权不灭,仍有契约,为众人自愿所认可。保此信权者,共同工作,互相协助,虽有不肖,不敢犯众也。"又曰:"众人协约组合而为群,无须强为契约之条款。无罚律,无裁判,惟以公共之工作大众之热诚行之,有不践行者,可为众人所屏斥。"于此可见无政府之真意。江氏乃以无契约三字抹杀无政府主义,吾党岂能承认乎?至无机关、无组织云云(机关即组织,可不必分为二语),尤非无政府主义之本旨。无政府所排斥者强权之机关,若自由之组织,则固无政府主义之所尚也。蒲鲁东之国民银行,巴枯宁之公民会,固为有目共见之组织,而克鲁泡特金言无政府之组织尤精。克氏曰:"无政府之世,以自由组织为社会组织之新法。各业皆有公会,如食品衣物以及技艺皆然,无论何种出产,互取所需而无界限。道路、铁轨、学校、机器、物具均由工作者自经营之,自组织之。将来之社会,即以代今日之政府。"于此足见无政府自由组织之大意,曾何无机关、无组织之有乎?至于无系统云云,更不解其何谓。以意测之,其殆纷乱而不统一之谓乎?夫无政府固非纷乱,前已言之。若统一者,乃国家统治机关之所尚,政权统一即强权集中之谓。无政府党之极端排斥者即在于此。以此责无政府,吾党固顺而受之。然不统一即不能安居,不能进化,其理由又何在乎?今世之所谓立宪国家,可谓达统一之极轨矣,其人民果皆安居否耶?果得真正之进化否耶?江氏又分政治为官治与自治,谓"自治如教育实业等,当取积极手段,俾日进于完密",其下即接以"若无机关、无组织、无契约之说所未敢深信也"。语意之间,一若无政府主义惟有破坏,对于教育实业亦不措意也者。其不知无政府主义之本旨而误会以为如此耶?则是盲吠也。明知其不然而故为此语耶?则是诳语欺人,其心更可诛矣。夫无政府主义排斥政治法律，何尝排斥教育实业？排斥国家统治，何尝排斥人民自治？无政府之组织，以各尽所能、共同工作为社会之基础生活之本原。工作者即今世之所谓农也工也。即江氏之所谓实业也。教育更无政府之所重。主张人人皆受完全高等之教育，其时任教育者亦不啻工作之一种，安见其不日进于完密，更安见其不取积极手段耶？抑岂必有政府然后能完密能积极耶？吾党常曰："无政府者，人民自治而不用政府统治之谓也。"江氏一孔之见，乃以为无政治即不能自治，又何其陋耶？

吾今更以简单数语总括江氏言论之大谬点条列于下：

一、江氏不主张生产机关公有，不主张废私产，违背社会主义之原则。故江氏所主张非社会主义。

二、江氏对于政治主张限制军备，采用单税；对于产业主张营业自由财产独立，皆属国家的社会政策，故决不能窃社会主义之名。

三、江氏既主张社会政策，与共产主义无政府主义相去太远，故不惜诋共产为阻滞进化，诋无政府为不能安居不能进化。因是之故，吾人不能不认为反对党。

江氏如不承认，则请取本报第六号之论及此次答李君书一一解答。记者亦断不偏执己见，自以为是。倘江氏有圆满之理由，为记者之浅学所不识者，当即为之更正，或更舍己见以相从。若不能与以圆满之答辞，则请江氏自今以后，慎尔出话，勿再鼓其簧舌以荧惑海外华侨之观听。盖江氏之言，在国内已无价值，而在海外则为患方长。哀我华侨，方失望于政治革命之无效，忽闻有所谓五十万社会党员之代表者，不先不后，应时而至，遂举其信政治革命者而信之，而不悟其患视政治革命为尤甚。此吾所以不避好辩之名而哑哑与之商榷也。

《民声》第 11 号、12 号，1914 年 5 月 23 日、30 日
亦见《师复文存》

答规枭
（1914 年 5 月 23 日、30 日）

（一）读来书，知近持吾人主义，辩服年逾六旬之老父，钦佩奚似！欢喜奚似！他日无政府主义传播史中，又留一段佳话矣。至问"其说虽善，惟暂时不可行"一语当持何说以破之云云，大抵今日无政府主义之阻力，全在此语。不独脑浆陈腐之老人为然，即一般自命赞成无政府主义之人及大名鼎鼎之社会党，怀此疑问者亦几十人而九。盖无政府主义理论圆满，实无可以反对之隙，故欲抵拒之者，惟有"暂时不可行，暂时不可行"一语而已。今试问所谓不可行者，其冥冥中有一上帝尼之使不可行耶？抑别有他故？则答者必曰"人民程度不足，无政府党势力尚幼稚"矣。则又试问所谓人民程度不足者，非人民信无政府之理者尚少之谓耶？所谓无政府党势力尚幼稚者，非无政府党之人数尚少之谓也？若然，则公等即人民之一分子，公等即有可为无政府党之资格之人，倘公等及与公等怀同一之疑虑者，（度一万人中几乎一千九百九十九人与公等所见相同）一旦深信无政府主义，毅然挺身而为无政府党，则人民程度立时可足，无政府党势力立时不幼稚，而无政府立时可行矣。然而公等又有辞曰："吾等得闻无政府之说者尚居最少之数，其余多数之人民，尚未闻其说，虽欲信而末由，虽欲为无政府党而不可得。吾等少数人虽信之虽为之，于事无济也。"则又敢问公等谓少数人于事无济，然则何法可得多数人耶？是又必藉传播之力无疑矣。然公等既知无政府主义之善者，尚不肯深信之而传播之，试问将赖何人以传播之耶？吾知公等必又曰："此乃无政府党之事，非吾人所敢预闻。"公等须知所谓无政府党者，非四手八臂飞天遁地之人也。无政府党亦犹是人。苟公等一旦深信无政府主义，即为无政府党矣。然则传播无政府主义使人民程度不至不足，使无政府党势力不至幼稚者，非公等之责而谁责耶？是故公等苟反对无政府主义，以为无政府主义如何如何不善，是则吾可无言矣。若既以为善，而又以为不可行，则非公等所应出口也。何也？所谓不可行者，非真不可行，实公等使之不可行耳。盖知而不为，其罪尤甚于不知。苟天下人皆如公等之知而不为，则将地老天荒终不可行，又岂仅暂时不可行而已耶？天下事特患其不为耳。焉有为之而不成者？当十年前，人人皆谓中国暂时不可行革命，然革命党人眡而不舍，不数稔间，满洲政府果推倒矣。今日之言无政府，犹之十年前之言革命也。公等苟能眡而不舍，无政府实行之期，又岂甚远耶？此外有谓教育未普及，无政府不能行者，有谓强邻交迫，无政府不可行者，吾皆已于《无政府浅说》明辨之。又有谓无政府当经过国家社会主义之一级者，此则社会民主党人之谬论也。夫天下事安有所谓阶级？中国未革命前，保皇党人皆曰民主共和必须经过君主立宪之阶级，今则何如耶？阶级之说果尚有价值否耶？姑勿论国家社会主义之无益于社会，又姑勿论今日民主社会党之手段决不能达到国家社会主义之目的。即使如愿相偿，果达到国家社会主义之境矣。试问须用若干时日若干勤劳然后可达到此境。及其达到，又须为第二次无政府之革命，取前功而尽废之，吾人果何苦而为此不惮烦之事耶？今吾请正告公等曰：无政府之可行不可行，全在乎公等。公等以为可行而为之，斯可行矣，斯无政府矣。以上即所以破无政府暂时不可行之说者也。请持此以语老父，何如？

（二）来书又谓本报第七号以禽兽为人之同类，不若易禽兽二字为一切动物。夫禽兽与一切动物又有何区别耶？禽兽二字，在旧社会之陋见，以为鄙贱之称，若以科学之眼光观之，则禽兽与人确为同类，此固可以倡言而不必讳者也。贱视禽兽，即为残杀之一种原因，亦即为社会迷信之一种陋习。吾人欲使道德进化，欲使思想正确，不可不以科学之真理药之。是则禽兽为人之同类之说，正当提倡之，阐明之，无庸避而不言也。

《民声》第 11 号、12 号，1914 年 5 月 23 日、30 日

亦见《师复文存》

再答嵩任
（1914 年 5 月 30 日）

　　嵩任君于本报第八、九两号之答辞，意仍未惬，故复列举八疑。而根本之辩难则绝对否认无政府主义之简称，以为必不可用。凡读者对于本报言论既有所疑，记者自当负解释之义务，且恐怀其疑点者当不止嵩任君一人，则解答尤不可以已，故不必絮絮，先答其根本之辩难，而后再释其八疑。

　　答辞之先，记者当重复申明一语，以告读者。本报第五号所谓"吾人欲表揭一正确之定名以号召天下，莫若曰无政府共产主义（简称则曰无政府主义）"。此数语之由来，根于上文先叙无政府主义一名之正当，次叙无政府主义对于产业问题有共产、集产、独产之殊。吾人主张为共产学说，故谓无政府共产主义之语尤为明确而完足，惟有时意在表示无政府之概念，而非详示对于产业之特别主张，则不妨简称曰无政府主义，然非以无政府主义为无政府共产主义之别名也。犹之主张共产社会主义者，当辨别流派时，必曰共产社会主义，而有时尽可浑举之曰社会主义，亦非以社会主义为共产主义之别名也。今来书以为无政府主义之名绝对不能用，其理由则谓恐闻者误会。不知无政府主义自有其本质，一闻无政府主义之名，无政府之概念可以同时联想而得。无政府者，无强权之自由组织也，何至有所误会？犹之一闻社会主义之名，虽未明示其为共产或集产，然社会主义之概念，则总不离乎无私产之组织，亦断不至有所误会也。前次答书，以为简称之用，一方面为言辞之便利，来书则曰：无政府共产主义与无政府主义仅差二字，无若何之便利。不知一文之中，常有用无政府主义之名至于数百者，在一二语不以为简，在十百语则以为简矣。故苟所言非有表示共产主张之必要者，即不妨但言无政府主义。况所谓便利者，更不独简便之谓，有时立言之体，适宜于无政府之名，而无政府共产之名反觉其不惬者。最浅而易见之证据，即本年之无政府党大会，发起者皆为主张无政府共产主义之团体，而其所揭之名，则但曰无政府党大会，而不曰无政府共产大会。然吾人不以其名为不正者，以此时立言之体，实适用无政府故也。又英德法等无政府党联合会，主张无政府共产主义者，然除法兰西因有特别历史标明共产外（此会成立于去年之巴黎大会，因排斥独产党故特名为"用法语之无政府共产革命党联合会"），其余英与德皆但曰无政府党联合会而已。于此可见无政府主义之名之用法矣。记者又谓简称之用，一方面从世界之通称。来书曰不必从人之通称。不知通称之不当者可不必从，通称之当者安可不从？无政府之名，并无不当之处，何尝不可用？如克鲁泡特金为无政府共产主义之发明家，然其生平所著书除表示其特别主张外，十八九均通称无政府主义。今来书以为不必从，岂将取克氏之书尽易其无政府主义之字，为无政府共产主义乎？又岂将尽取各大家汗牛充栋之书，一一易其无政府主义曰无政府共产主义乎？度足下亦必知其不可。然则世界通称，盖有不能不从之势矣。总之足下苟审及无政府主义非无政府共产主义之别名，及知无政府主义一名并无可以误会之弊，自可涣然冰释矣。

以上来书所谓根本之辩难既已解答。今当再释八疑：

第一，无政府主义乃一概括之公名，以为克鲁泡特金以前诸家之无政府主义可，以为克鲁泡特金之无政府共产主义亦无不可。盖无政府主义自有其共同之意义，无论何家学说，均无所出入者也。

第二，第一疑既释，第二疑可不辨自明。

第三，无政府共产主义者，在欧文实以二字合成为一名词。今来书之意，止许用无政府共产主义，而不许用无政府主义，是无政府主义一字已失其单独之效用，故谓无异废去无政府主义一字也。又无政府共产主义实为无政府主义之一派，今来书绝对以无政府之名为不适用，无异止许称人而不许称人为动物。设有人问于足下曰："足下是否主张无政府者乎？"当此之时，足下将答之曰"然，吾为主张无政府主义者，且为主张无政府主义中之无政府共产主义者"乎？抑将答之曰"否，吾非主张无政府主义者，吾乃主张无政府共产主义者"乎？由前之说则是适用无政府主义之名，足下必不以为可，由后之说，则是不主张无政府主义而主张无政府主义之一派，于名学为不通矣。

第四，来书谓："无政府主义之定义曰排斥政府，废除私产，然皆系一种手段，而未明言目的之所在，其主张要为不完全。"此语未免大误。推翻政府及资本家，此可谓为无政府主义之手段，而其目的所在，即在无政府无私产之自由社会。（此为无政府主义家共同之目的。）其主张何尝不完全？如来书所言，则无政府主义名家不下数十，除克鲁泡特金自号无政府共产主义外，岂其他皆主张不完全者耶？来书又谓："社会主义以废除私产为手段而以共产集产为目的。"此亦不然。社会主义以推翻资本家为手段，而以取回生产机关归之社会公有为目的。（此乃可谓社会主义家共同之目的。）若共产则共产社会主义之目的，集产则集产社会主义之目的。如此分说，方合论理。社会主义虽未明言共产或集产，亦自有其共同之目的。若如来书所言，则社会主义苟不系以共产集产之辞，即不免成为主张不完全，有手段而无目的之主义矣，因之社会主义一名亦将如来书所谓绝对不适用矣。足下岂背道此耶？记者所谓无政府主义能兼赅社会主义，即谓其能兼赅社会主义共同之目的也。足下始终误会之点，即在误会无政府主义只有排斥私产之手段而无财产公有之目的，因恐无政府主义一名不足以起世人之信仰，而其所以致此误会之原因，则又由于忘记社会主义共同之目的也。今辨析及此，度足下必可豁然无疑也。

第五，来书谓："舍无政府共产主义外，无所谓无政府集产主义；而主张独产者，亦非真正能主张无政府。"此又大误。无政府学说中，按其对于产业之意见，实可别为三派：一共产派，克鲁泡特金之无政府共产主义是也；一非共产派，蒲鲁东（Proudhon）之国民银行策是也；（蒲鲁东学说不自表其学派，故作学派史者，或列入排产派或列入独产派，或列入集产派。以愚意论之，蒲氏排斥共产主义主张国民银行策，以劳动时间之多寡而定所得之厚薄，与其谓为排产独产无宁谓为集产矣。然迳列入集产，仍觉未惬，故特名曰非共产派。）一独产派，都克（Jucker）之个人无政府主义是也。（都克之个人主义，在无政府主义中，亦卓然成一家之言。近在欧洲，其势亦甚盛，几欲与共产派争衡。特流弊滋甚，主张共产者乃极力排斥之耳。）此外又有称为集产派者，巴枯宁（Bakounine）是也。（巴枯宁所主张，原与今日之共产主义无甚出入；特因当时集产社会党之元祖马克斯发表《共产党宣言》自称共产主义，巴枯宁反对之故自谓主张集产主义，以示区别，此实历史上名称沿革之问题，原与学理无涉。特因其明明自称集产主义，故学史上不能不列为集产派耳。）无政府主义派别之不一如此，安能以无政府共产主义之一派耳尽蔽之？更安能谓无政府主义非一种之公名乎？来书之误会，正由忘记无政府共产主义为无政府主义中之一派，因生种种枝叶之辩难，实则无政府主义之有无政府共产主义，犹之社会主义之有共产主义。吾人之简称无政府主义，则犹之主张共产主义者，亦可浑言之曰社会主义也。

第六，共产主义为社会主义之一派，惟无政府主义则只可谓兼赅社会主义，而不能谓兼赅共产主义者，此亦易明。盖所谓兼赅者，乃同时兼具之意。谓凡无政府主义必兼有社会主义于其中。社会主义者何？即生产机关公有之共同主张也。若共产则为社会主义之一种特别主张，除共产外尚有集产及其他各派。第举无政府主义一公名，乌能同时兼具之？犹之谓"凡国必有人"然不能谓"凡国必有支那人"也。

第七，无政府主义之所谓主张人民完全自由，即主张无强权之自由组织，（与野蛮社会之自由，夫人皆知其不同。）是即其积极目的之所在，复系以共产，主张乃更进一步。是无政府与共产均不失为积极之主张，而断不能谓无政府为消极之手段也。（无政府与排政府意义迥别。）况世人道听途说，往往误会无政府主义为单纯破坏之主义，因之一闻无政府三字，几以为杀人放火之别名，甚或讥为无思想无实际之暴徒。（及欧美人亦不免此。）吾人为发扬主义计，正当极力解释此种误会，使世人皆晓然于无政府主义理论与主张之完善，而勿误会为单纯破坏之主义，实为今日传播者之急务。故吾党有恒言曰："无政府非但破坏政府之谓，乃人民自治不用政府统治之谓。"此语即所以解释一般之误会者也。今来书始终谓无政府为消极手段，不几重世人之疑惑耶？

第八，来书谓："必无政府而后能真共产，故共产主义不必藉无政府三字表示之。"此说亦非。共产主义家不主张无政府者固数见不鲜，即发明"各尽所能，各取所需"两大原则之鲁意不兰先生，亦为主张政治之人。故吾人于共产主义之上必须系以无政府其说始完也。来书又谓无政府主义不能成为公共之名词。此亦不然。其说已详第五节。

来书结末处又言此后当以"从有政府达到无政府之经过"及"无政府时代之状况"两事发为问题以资研究。愚意以为此两题尚不免宽泛，不若先取《克鲁泡特金学说》（载入《无政府主义丛刻》中，于此两问题均已道其大略）研究一过，苟于其中或有疑点，再提出讨论。方不至一部十七史从何说起也。

《民声》第 12 号，1914 年 5 月 30 日

亦见《师复文存》

答乐无
（1914 年 6 月 6 日、20 日、27 日）

　　乐无君既见本报第九号《论社会党》后，惠寄一文，题为《答论社会党》。其弁言曰："乐无对于师复君之论社会党，不得不取社会党之陈迹，重申答辞，自白其纰缪之由来，意见之从出。"而前后复盛称本报之言论，甚或予以不虞之誉。然则此文似不过陈述已往之意见，自表其误，而非现在答辩之辞，本可不必再事讨论。然细读篇中所述，乃一若对于本报而为答辩，自陈不误，而非但述已往之意见者。记者于此未免少有惶惑，故特就原论中有为记者所不敢苟同者，不避辞费，再申辩之。仍附于讨论之列。盖无非欲求较是之真理而已。

　　来稿曰："社会二字，为家族以上，国家以下人类组合之名词。"按社会者，群众之谓也。（在西文不但称人，凡动物之群者皆得此名。）当未有人类之先，动物已各有其群。

　　及演进为人，孤立独竞之时亦必甚短，不久即能合群而为社会。故虽谓自有人类即有社会亦无不可。若家族则成于婚姻制度创立之后，国家则成于统治制度创立之后。是二者皆为社会之后起物。（罕）［举］而譬之，则社会犹土地也，家族与国家则犹地上之建筑物也。今来稿谓社会为家族之上国家之下之一物，得无误认由家族而成社会，由社会而成国家乎？若然，则未有家族之前，岂遂无社会乎？国家以上尚有世界，此世界又果何物乎？若谓世界亦社会，则社会又忽在国家之上矣。此种误点，一似无关宏旨，不知吾人今日所讨论者即为社会问题，若对于社会二字之观念既不正确，则其他之误解，必随在相缘而生，是固不可不慎者也。

　　来稿又曰："无政府则去国家，共产则去家族，故无政府而共产，则人类之组合，惟有社会，而无国家与家族。自其消极者言之，曰无政府无私产，自其积极者言之，则曰有社会有共产。"按社会为人类群体之浑称，无论有无国家，有无家族，其为社会则一。当国家与家族存在之时，谓之有国家、有家族之社会。当国家与家族消灭之时，谓之无国家、无家族之社会。盖社会固非与国家、家族并列成三之物也。今来稿既误认社会为国家与家族中间之一物，即误认三者之并列。意谓三者之中，一善而二恶，当去其二而留其一。因谓无政府共产主义为无国家、无家族而惟有社会。殊不知国家与家族均为社会之后起物，足为社会之大害者。无政府共产主义则排去社会之大害，改造良善之社会，而非去二留一之意也。又谓无政府无私产、有社会、有共产云云，亦不免语病。政府与私产，均可以人力去之而使即于无者也。故不妨曰无政府无私产。若社会乃群体之浑称，将从何而有之？（如言"有人群"此语可通乎？）共产则为处置产业之一种方法，又将从何而有之？（如言"有集产"此语可通乎？）来稿始则误社会为与国家、家族并列之物，再引申之遂至以社会共产与政府私产亦为并列之物，故于此则无之，于彼则有之，而忘其立言与事实之冲突矣。

来稿又曰："其实际则无政府在无强权……此强权为政府所必有，而社会所必无。故无政府而仅有社会，则人类可免强权之束缚，而得完全之自由。"不知当政府存在之时，其社会即为有强权之社会，固不得谓社会必无强权也。此误之所由来，亦无非误会政府与社会为并列而不相系属之物之故。

来稿又曰："有共产即以生产机关及其所生产之物全属社会公有……故共产仍以有社会而得名。"按共产以产业共有而得名，犹之集产以产业集有而得名耳，非以有社会而得名也。共产主义明明为关于社会之学说，共产之于社会，自然为须臾不可离之物，简直了当。又何必迂回曲折谓为以有社会而得名耶？

来书又曰："本此理想上之定义，认为真正社会主义，行此真正社会主义，名为社会党。因确认社会主义能包括无政府共产主义，社会党能包括无政府共产党。"此数语即所以答辩记者"无政府党不当名为社会党"之说。而以上种种枝节之辞，无非此数语之注脚。盖来稿之意，务欲牵合社会二字，嵌入无政府共产主义中。意谓"无政府者无政府而有社会之谓也，故无政府主义者有社会之主义也；共产亦仍以有社会而得名，故共产主义亦有社会之主义也；故二者皆社会主义，故社会主义能包括无政府共产主义"。不知无政府而有社会云云，共产以有社会而得名云云，其理想实未能正确，既如上述。然则所持以为社会主义能包括无政府共产主义之论据，亦因之全失矣。

来稿又曰："凡人类所生活之域，皆可以社会名之。如曰政治社会、贵族社会，乃至盗贼社会、乞丐社会等。社会上加以政治、贵族等字样无非对待上、形容上区别之词。……政治社会为社会之一部分，政治非能为社会对立之名词，而与形上之制度，形下之财产，同为社会之附属物。故废除社会之政治制度，则曰无政府；变更社会之经济组织，则曰共产。要之，凡附属于社会而以对待上、形容上之区别支离社会者，如种族、宗教、祖国、家族等，皆废除之，于是乎无界限、无阶级，惟有平等公共之社会。以此定义，名为社会主义，名为社会党，不唯能包括无政府共产主义，并能包括无政府共产所不能包括者。"此又所以答辩记者"社会主义不能包括无政府主义"之说者也。记者尝谓社会主义乃对于经济之学说，与政治无关，此实世界者之公言，非记者独创之说也。今来稿乃谓"政治社会为社会一部分，政治制度与财产同为社会之附属物"，因以为社会主义能包括政治。不知所谓政治社会者，乃谓政治家之社会（指以政治为生活之人），而非指国家统治机关所设施之政治也。政治家与政治本不同物，不能因政治社会为社会之一部分，遂谓政治为社会之附属物也。犹之科学社会（即科学家之社会）亦可谓为社会之一部分，然不能遂谓科学为社会之附属物也。且政治为国家统治机关之行动，用以统治一国之人民者，谓为人类之害物则可，谓为社会之附属物则观念不免淆杂矣。政治既非社会之附属物，则来稿所谓"废除社会之政治制度则曰无政府"一语，未免戾于论理矣。以政治制度乃政治之所设，而非属于社会故也。至谓"凡附属于社会而以对待上、形容上之区别支离社会者，如种族、宗教、祖国、家族等皆废除之"，此语尤不可解。充来稿之意，则凡存在于社会之万有，皆为社会之区别，皆为附属于社会之物，而皆当废除。何以言之？来稿谓政治社会、贵族社会等为社会对待上形容上之区别。然则科学社会、文学社会、农工社会以及其他等等，亦将以为对待上、形容上之区别而尽废之乎？（按欧文社会一语原含二解：一为人群统称，一则小部分之团体。政治社会等乃属于第二义，非指第一义之社会也。今来稿混而为一，故有此误。）来稿又以种族宗教等为附属于社会亦对待上、形容上之区别而支离社会者。若是则天地间之万有，自农工百艺以至科学教育交通等等，何一不可谓之社会之附属物乎？又何一不当在废除之列乎？来稿根本之误，乃在强牵政治为社会之附属物，欲以为社会主义能包括政治范围之证。既以政治为社会之附属物，于是种族、宗教等亦以为社会之附属物。因谓社会主义废除一切附属物而惟存社会，欲以示社会主义所包括之广，而不悟其别面之差谬，乃至不可思议也。原夫无政府主义与社会主义之废除政治、废除私产，盖以其有害于人类，而非因其为社会之区别为社会之附属物也。其破除种族、宗教等等，亦以其有害于人类，而非因其为社会之区别，为社会之附属物也。社会上区别之词，苟其无害于社会，又何必一概废除之？更何必废除社会一切之附属物，然后可谓之社会主义乎？总之社会主义主张经济平等，无论如何，不能牵入政治范围。苟必欲牵入政治范围，未有能免牵强附会之弊者。此来稿谓社会主义包括无政府共产主义之说，所由不独有背于学理，抑且不成其为理想也。

来稿又曰："有此二种理想为根据，乃不名无政府共产党而名社会党，不名无政府共产主义而名社会主义。"所谓二种理想者，既如上所述，一则以为无政府即无国家，共产即无家族，无政府共产即无国家无家族而惟有社会，故无政府共产可以有社会三字括之；二则以为政治财产等等均为社会对待上、形容上之区别，为社会之附属物，社会主义则一切废除之，而惟存社会，故社会主义不独能包括无政府共产，且能包括其他。此即来稿所谓两种理想也。此种理想之是否正确，能否成立，既详辩于上，读者可自得之。记者向以为"社会党"之不名无政府党及不明揭无政府主义之故，或为求内地鼓吹之便利，不得不如此，亦未尝非当局之苦衷，同志尽可相谅。不料今读来稿，及参以他方面之议论，始知其中实有一种特别之意见，误认社会主义为能包括无政府主义，又以为无政府主义之名不及社会主义之善也。此其致误之原因，盖有二端：一则误认无政府仅为排除政府之消极手段；二则江亢虎三无二各之谬论先入为主也。因第一种误解，遂疑无政府主义仅排除政府而无积极之主张；因第二种之误解，以为无政府、无家庭、无宗教三者并举乃谓之纯粹社会主义，无政府则仅其中之一事，遂疑无政府主义为不完全。合此两种误会，乃觉无政府主义之名总不及社会主义之善，而又以社会主义向来之解释非如此也，于是执著社会二字，向字面上迂回曲折，多生别解，务求其牵合于无政府主义而后已。既乃觉其与学理不相容则强而名之曰"理想上之定义"，此即来稿所谓二种理想之所由来矣。（观于来稿所谓"自其消极者言则为无政府"，又谓"社会主义能包括无政府共产主义所不能包括者"，更参观《社会世界》第五期答客公之论与江氏三无二各之说全同。是乐无君确因有此两种误解，然后生出此二种理想，并非记者所敢武断也。）不知社会主义主张产业所有权属诸社会，此定义不独为世界学者所认定，且为一般普通人所认定。若必以个人之理想，执华文字面上之意义，强加以支支节节之别解，其不贻世界之笑柄者几希矣！（譬如名学、化学之类若于字面上强加别解，则名字化字之范围既广，别义亦多，不难生出数十种理想上之定义矣。然乐无君当必知其不可，社会主义亦犹是也。）至无政府与排政府意义不同。无政府主义并非消极之主义，已于《答嵩任》书中再三言之。三无二各说之谬，亦已于《无政府共产主义释名》详论之。苟能排去此两种误解，自不必疑无政府主义之名不当，即亦不必斤斤思以社会主义代无政府主义矣。

来稿又曰："复以欧美各国及中国习惯上之迷误，以集产主义及社会政策为社会主义，故于社会主义上加极端或真正二字以示区别。"按以社会政策为社会主义，自是迷误，然凡略有常识者，皆能知之能辨之，可不必论。惟集产主义固明明社会主义之一派，为世界学者所公认，不能谓为习惯上之迷误也。亦正惟社会主义中有集产之一派，吾人主张无政府共产者乃不能不正其名义，而不当仍用社会主义之统称耳。今来稿谓加极端或真正二字以示区别，亦既知区别之必要矣。则何不直接正其名义曰无政府共产主义，而必取此绝无界说之极端真正等字乎？且言及区别，尚有一最显而易见之事实，足令"社会党"之名决不能成立者。何以言之？乐无君之发起"社会党"也。当时亦有社会革命之言，然则"社会党"必须与世界党人联合而不能以闭关自豪也明矣。则试问将与世界之无政府党联合乎？抑将与世界之社会党联合乎？度乐无君必答曰与无政府党联合，既与无政府党联合，则此名不正言不顺之"社会党"一名尚能存在否乎？抑将坚执一偏之理想而强世界之无政府党易其堂皇正大之名以相从乎？苟涉想及此，"社会党"之名虽美，不能不割爱矣。

来稿又曰："社会党、社会主义之名，虽由翻译欧文而来，一经集产派政党派袭用，吾人岂便不可纠正其谬误，但须服从彼谬误之习惯，学术乃无国界乎？"不知苟有谬误，岂但可以纠正之，虽排斥之可也。惟集产主义则明明社会主义一派，虽吾人之主张共产者，有时排斥集产，谓为不完全之社会主义，甚或字之曰非社会主义，然不过充类至尽，极端之论调，不能为学术上之定论也。（在集产党之攻击共产，亦未尝无此种极端之论调。）论学术者贵持平，集产主义虽卑，终不能屏之社会主义之外，是吾人乃服从真理，而非服从谬误之习惯也。

来稿又曰："彼欧美各国区别无政府主义、社会主义之界说，吾人岂即须奉为金科玉律如教徒之守圣经，不容决择变通乎？此盖吾人自由之思想，非关乎国粹也。"不知思想之自由，无论达何极度，而真理则不能不服从。故苟其言而是也，无论其出自何人，吾人称述之，承认之，甚或奉为不可易之格言，皆所谓服从真理，不能以教徒守圣经相讥议者也。今当世无政府主义与社会主义之界说，来稿亦未尝指出其谬误，而惟恃不充于学理之理想，以为思想自由，记者窃不敢妄为附和。且乐无君亦知今日之世界乃科学之世界乎？十九世纪以来，徒凭理想之唯心论，已为事实征实之唯物论所战胜矣。故凡立一论、持一说，苟非有科学之精神以为基础，其说必不可图存，不待攻而自破。今无政府主义与社会主义虽尚未成为专门科学，然社会主义自有马格斯之后，（马氏虽为集产派之祖，然其学说之一部分亦自有甚精之点，不能一概抹煞之也。）无政府主义自有克鲁泡特金之后，均各就其主义，洗净从前不正确之理想，而纳诸科学之轨律中，于是社会主义无政府主义亦骎骎具有科学之精神矣。世界学术之趋势方日向于实证之科学，而我乃持蹈空之理想以相抗，岂能有济乎？抑更有一义。凡一学术之定义，其重要有非普通理论所能比拟者。学术之名称，其字面之意义，与其学科内所含义理，往往各不相侔。最浅而易见者，如伦理学（或译名学）原名为Logique，溯其字之古训，实为思想，与伦理学之意义故迥别者也。然自有定义，则人人皆知其为立言推理之学，而断不至误为思想之学矣。今社会主义，无政府主义亦然。社会之字义为群众，其范围至广，然自有定义，则人人皆知其为主张财产公有之学说，而不至误生别解。无政府原名Anarchie，普通解作扰乱，然自有定义，则人人皆知其为主张无政府之学说，而不至谓为扰乱之学说。然则学说之定义，其价值于此可见，不能执著字面以相求亦于此可见。今来稿不惜舍当世认定之义，而执著社会二字，生出两种理想之定义，而以为思想自由，充类至尽，不难谓伦理学为思想学，谓无政府主义为扰乱主义。足下必知其不可也。

来稿又曰："况考之社会党、无政府党之历史，无政府党本出于社会党，因安潭士大会（按：巴马分离乃在海牙大会，安潭士三字当是误忆。）马格斯主张有政府集产主义，巴枯宁主张无政府共产主义，分离而示区别，故有无政府主义无政府党之名，即克鲁泡特金亦有无政府主义即废除政府的社会主义之解说，然则无政府三字，特用之以为社会主义一派之区别名词，……而社会主义能包括无政府主义，于是益明矣。"

按巴马二派分离之历史，乃国家社会主义与无政府主义冲突决裂之历史，而非无政府党出于社会党之历史。无政府主义无政府党之名，亦非始于是时，《驳江亢虎》文中已详引当时历史说明之，今不赘述。至克鲁泡特金"无政府主义即废除政府的社会主义"一语，乃适足为社会主义不能包括无政府主义之明证。何以言之？社会党与无政府党同主张废除私产制度，惟有一不同之点：无政府党主张废除政府，而社会党则未尝标此主张。故克氏之释无政府，特于社会主义之上状以废除政府云云。盖社会主义只能表示无政府主义关于经济一部分之意见，而未足表示其废除政府之主义，故必须状以废除政府一语。然则单举社会主义，其必无废除政府之意义彰彰明矣。社会主义，既无废除政府之意义，则社会主义之不能包括无政府主义，又彰彰明矣。更安得以无政府三字为社会主义之一派耶？（"废除政府的社会主义"一语与集产社会主义、共产社会主义等不同。共产集产均社会主义本有之意义，废除政府则非社会主义本有之意义也。）

《民声》第 13 号、15 号、16 号，1914 年 6 月 6 日、20 日、27 日

亦见《师复文存》

驳江亢虎
（1914年6月13日、20日）

　　《江亢虎新大陆通信片》第十一期内载一文，题为《纪民声杂志论载事》。对于本报批评江氏言论之要点，均置而不答；而惟以诋毁干涉、专制、横逆、幸灾乐祸、世态炎凉、下井投石等丑语加之本报，甚而攻击及记者个人。本报于第六号经已声明辩论范围，"纯为研究学理绝非对于个人而为非议"，复于第六号申说记者之反对江氏乃"反对其言论，而非反对其个人"。江氏苟不以记者所论为然，自可根据学理，反复辩论，虽千百回不为赘也。不料江氏绝口不谈学理，而惟以恶声向人。江氏诚工于趋避而善于骂人哉！今试撮举本报第八号以前批评江氏言论之要点条举于后，而附注其有无答辩，俾读者略清眉目。（至第十一、十二号答《李进雄书》，江氏或尚未见，故略之。）

　　（一）本报谓江氏不主张推翻资本家，收回土地、资本归诸社会，是为违背社会主义之根本要义，故江氏所主张不得称为社会主义。（江氏不能答）

　　（二）本报谓江氏不主张土地、资本公有，而惟主张营业自由，财产独立，以及限制军备，专征地税等，均属社会政策而非社会主义。（江氏不能答）

　　以上二条为最握要之论点，此外则：

　　（三）本报谓江氏忽而称共产主义为社会主义不祧之宗，忽而谓共产主义阻滞人类进化。赞成反对，同时而出，是为自相矛盾。（江氏不能答）

　　（四）本报谓江氏并举共产、集产之学说，统称为共产主义是为不明学派。（江氏虽有答辩，而其谬加甚，于下文再驳之。）

　　（五）本报谓江氏举社会主义之各派（均产、集产、共产）一律推

翻，而自称为特殊之主张（不啻自居于社会主义之外），益显见其所主张为社会政策。（江氏不能答）

江氏既于以上各要点不能置答，则其他连篇累牍刺刺不休之谈，其有无价值可想见矣。今请取其误会及强词夺理者顺次驳之。

> 江氏曰：粤人刘师复君，本同盟会会员，政治革命党人也。满清时谋炸李准，试验炸药自断其腕。革命后复谋刺袁世凯，挟巨资北上，行及沪而和议成，乃转而刊布社会主义、无政府主义小册子，并发起心社及晦鸣学舍于广州。比又以毒毙李世桂之嫌疑去粤。

按此一段文章，全为师复个人作传记，写履历。江氏之笔墨如此休暇，诚可谓不惮烦。岂与人辩论必须为其人详叙过去之履历，然后可讨论耶？则试有人与江氏辩论一事，而开宗明义即曰："江亢虎即江绍铨，满清之进士（或举人？）而兼小京官也。"此语为有意识否？抑或以本为同盟会会员，本为政治革命党，即不可主张无政府主义耶？则记者曾入同盟会为会员，固未尝自讳。十年前之同盟会会员，与今日之无政府党，岂复可以相提并论者？（记者之入同盟会，在东京同盟会最初创立之时。彼时可谓纯粹之政治革命党。越二年谋刺李准，方出门而弹发，事觉入狱两年余，经种种刺激及研究，而余之思想一变。出狱后组织暗杀团，章程为余所起草，以"反抗强权"为宗旨，取单纯破坏之手段。自是之后，余虽未尝标揭无政府之主张，然自信确为反抗强权之革命党，而非复政治之革命党。且此后皆独立运动，与同盟会亦几无关系矣。是时团中同志各谋其单独行动，多注重广州方面，如炸李准，炸凤山等。余与同志数人则担任入京刺载沣，本在四川、湖北革命军未起之前，某君实先行，并输运炸弹，不料中途败事，余等计画更动，故延及革命军兴，始得成行，此时强权之魁首已转为袁世凯，故余等之目的物亦因而移于袁世凯。抵沪时南北议和适开始，某君止余等勿急行，及议和既成，余等之意以为，可以乘此机会散布社会革命之种子，而单纯破坏转非所亟，此即晦鸣学舍之所由发起，冀以为传播无政府主义之机关也。以上为余个人思想变迁之琐事，殊无载入本报之价值，以耗读者之目力。徒以江氏既赘述余之生平而又不能尽实，不得已略述之以告江氏耳。）至谓余以"以毒毙李世桂之嫌疑去粤"一语，则尤非事实。余之去粤，由于民贼之封禁本报及晦鸣学舍，此固无人不知，且曾述于本报第四号。江氏夫岂不闻？而必故为此语，其有意耶？抑无意耶？明眼人可以判之矣。（余之由广州走澳门时为去年九月，在澳复被葡萄牙干涉，则又去澳，时为去年十二月。若陈某之毒杀李世桂则在本年一月，其后牵涉余名，则在本年二三月。时日之相隔乃如此。至此事嫌疑之由来，尤为可笑，余固不必辩，亦且不屑述之。请观本报第五号之启事可知矣。）

　　江氏曰：自社会党解散，入室操戈下井投石者，颇不乏人，惟绝不意世态炎凉，虽至高尚纯洁之无政府主义家亦不免竟为其所中。观师复近所发刊之《民声》杂志对于社会党及鄙人，冷嘲热骂之作，刺刺不休，幸灾乐祸之心，跃跃如见。……攻击过去之社会党，诋毁出亡之鄙人。……

嗟夫，江氏老羞成怒，乃欲以幸灾乐祸、世态炎凉、下井投石等语诋我耶！"中国社会党"虽解散，而江氏之言论与主张具在。批评江氏之言论及主张，与中国社会党之解散又何关涉？夫人苟对于现社会而思有所改革，无论其属于何派，必不免为政府所嫉视，此乃题中应有之义。区区一命令解散，安足当社会党之一哂？何灾害之足言？又何所谓下井？更何所谓凉？必江氏脑筋中先存有重视政府、崇拜政府之印象，故一遭大总统之命令解散，即大惊而小怪之曰灾，曰祸，曰下井，曰凉。（又如在上海遍登报纸，亲友荣饯，然后出游美洲，亦必饰其词曰出亡，曰九死一生，与灾祸等词，同一声口。）反而观之，无怪未被解散之前，时时宣言曰孙前大总统推许，唐前总理赞成，又曰袁大总统赞成，赵总理保护，一若无上之光荣，无上之炎热矣。自己既怀此龌龊思想，更无怪一见有人批评其言论之不当，即指为幸灾乐祸……云云矣。且余既屡次声明"反对江氏言论而非反对个人"，至社会党则业已解散，其物已不存，更无所用其攻击？有时取其党纲而批评之，则以党纲为江氏之手笔。批评其党纲仍批评江氏主张耳。非批评其党也。今江氏则指为"攻击过去之社会党，诋毁出亡之鄙人"。余究有何语为攻击社会党？何语为诋毁江氏个人者？江氏能指出否乎？若谓芜杂矛盾……云云，即为诋毁则当先定诋毁之界说。诋毁者，攻击个人身上之私德及并非实情而造谣以非议之，若是者方可谓之诋毁。倘为批评一人在社会上之行动及其主张，则言论自由，无论其批评合否，惟有辩论更正，而不得遽指为诋毁。即使武断之曰凡批评不合者即为诋毁，亦必须指出其批评不合之实证，方合辩论之道。今本报谓江氏平日主张为芜杂矛盾……云云无一不举出江氏原文，加以评论，然后下此断语，并非凭空造谣以诬之也。江氏苟以为不然，当一一答辩之，证明其非芜杂，非矛盾，非……而后可。今江氏则未尝有只字剖辩，而惟悍然辟之曰周内，曰诋毁。然者江氏之言论及其主张，殆所谓神圣不可侵犯之物，设或有人评论之，即加以诋毁之罪，吾恐俄罗斯皇帝之上谕，亦未必如是之尊严也。

　　江氏曰：其最奇者，既痛斥极端社会主义、纯粹社会主义名词之不经，而直接标揭为无政府共产主义矣；而又申言即真正社会主义、完全社会主义。不知真正、完全字样胜于纯粹、极端者何在？且谁全谁偏？谁真谁假？有何凭据？有何标准？

　　记者于本报第五号《无政府共产主义释名》中以为，极端社会主义、纯粹社会主义等名均属不当，其理由已具述于该论。然并未申言无政府共产主义即真正社会主义、完全社会主义也。江氏果何所指而为此言耶？该论虽有"非反对真正的社会主义也"及"吾见近人之习用纯粹社会主义一语者，往往误会以为完全之社会主义"之言，然非申言即无政府共产主义，苟稍通文义者当无不能辨之也。"无政府主义即真正社会主义"，此语出自科学大家无政府主义之泰斗克鲁泡特金（Kropotkine）先生，吾人固常常称述之。完全社会主义，则对于集产主义之不完全而言，亦为近世所习用。然所谓真正社会主义，完全社会主义者均有所对待之词，而非有一定之界说，亦非专有之名词，以为无政府主义或共产主义之注解之形容词则可，以为无政府主义或共产主义之别名词则不可。本报第十号《答悟尘》书中已论及之，吾人所以谓极端社会主义及纯粹社会主义等名为不当者，亦以其用为无政府主义之别名耳，倘其但用为诠释，而非用为专名词，则既无关于正名之要旨，吾人又何必斤斤讨论乎？至谓谁全谁偏、谁真谁假有何凭据有何标准云云，余亦有说以证明之：真正社会主义一语出自克鲁泡特金先生，完全社会主义一语尤为共产主义家所习用。如马龙氏（B. Malon）曾著有《完全社会主义》（*Socialisme Integral*）一书，黑拿尔氏（G. Renard）又有《完全社会主义与马格斯主义》（*Socialisme Integral et Marxiems*）一书，此外尚不可枚举。用语既有来历，即不能谓为无凭据。若问何为真正，何为完全，尤属易晓。社会主义者，废除私有财产而归之社会公有之谓也。既以财产公有为社会主义，则必如共产之说，生产机关及所生产之物全属之社会，然后可称为真正可称为完全。若集产之说，则生产机关归公有，而所生产之物仍属私有，是仅得财产公有之半面，即不啻为不完全之社会主义，不啻为失其真相之社会主义矣。是即偏全真假之确切标准也。总之，真正社会主义、完全社会主义等语，已成为当世无政府家、共产家之熟语，江氏自未之闻，故讶以为无标准无凭据耳。

江氏曰：以余所闻，社会主义发起于圣西门，集成于马格斯。社会主义之马格斯譬之中国儒教之孔子。……吾人可反对社会主义而不可谓马格斯非社会主义而自有其所谓社会主义，犹之吾人可反对儒教，而断不可谓孔子非儒教，而别有所谓儒教。

谬哉江氏！社会主义之理想，实渊源于希腊之古哲，逮十八世纪之下半期，社会主义家蔚然勃兴，如巴比夫（Baboeuf）、加彼（Cabet）（以上二人主共产）、孚理臣（Fourier）、圣西门（St-Simon）等同时并出。以言发起，则不独圣西门一人也，特溯集产学说之渊源者乃称圣西门耳。社会主义乃一公共之名，其中派利自伙。即从其最简单者言之，亦必有共产（Communisme）、集产（Collectivisme）两派，固不能以集产主义独占社会主义之名也。今江氏乃谓社会主义集成于马克斯，譬之儒教之孔子，岂知马氏以前，共产主义之理论已极发达。鲁意布兰（Louis Blane）出，更与圣西门派之学说立于反对地位。马氏既主张集产，纵能集圣西门派之大成，然岂能集共产派之大成乎？若比之孔子，尤为拟于不伦。儒教倘认为宗教，则孔子实为教主。以马格斯比孔子，然则马氏其殆社会主义之教主乎？然则一切之社会主义家，必皆马氏之徒乎？然则共产派之社会主义，江氏其殆屏之社会主义之外乎？江氏之谬妄一至于此，可谓叹观止矣。至谓"不可谓马格斯非社会主义而自有所谓社会主义，犹之不可谓孔子非儒教，而别有所谓儒教"，尤为怪绝！马氏之集产社会主义，为社会主义之一派，此固记者所承认，且屡次称载于本报，谁谓彼非社会主义者？然马氏只可谓社会主义之一派，而不能以社会主义为马氏之专利品。马克斯派之外，固尚有理论圆满之共产社会主义，今江氏乃欲谓马氏之外别无所谓社会主义，比之孔子之外别无所谓儒教。呜呼江氏！其善妄耶？抑梦寐萦萦于教主，遂不觉加大成至圣之冕于马氏头上耶？马氏有知，将唾之矣。

江氏曰：当巴枯宁、马克斯未脱离分立以前，无政府主义实兼赅于社会主义中。及其脱离分立以后，无政府党特标无政府主义之名词，而以社会主义之名专属之马克斯，从此无政府党绝不自称其所主张为社会主义。……而师复反谓圣西门、马克斯为片面的社会主义，……而称无政府共产之主张为真正社会主义、完全社会主义。吾恐不但全世界社会党人不公认，即全世界无政府共产党人亦不肯公认也。此真所谓怪剧，不啻夫子自道矣。

谬哉江氏！巴枯宁派与马克斯派分离之历史，乃无政府党与国家社会党分离之历史，而非无政府主义由社会主义脱出之历史也。世之耳食者流，往往误会以为巴马二派未分以前，无政府主义实统属于社会主义中，而别无所谓无政府主义。一若巴枯宁之无政府主义亦由马克斯之社会主义所产出也者。此实不明历史之故。江氏亦其一人也。今请一简单数语约举二派未分离以前之历史以告读者可乎。一八六四年"万国劳动会"（International Arbeiter Association——International Working Men's Association——Association Internationale des Travailleurs）开会于伦敦，是为劳动者国际同盟成立之始。是会宗旨，在联合各国之劳动者，谋直接推翻资本家，取回生产机关，由劳动者自用之。至于取若何手段，及采用何种之分配制度，其初固未有规定。且屡次大会，均不能得确定之决议。是万国劳动会乃劳动者反抗资本家之团体，其命名非社会党，其性质更与国家社会党悬殊。凡赞成劳动革命者，无论其属于何派，均不妨入会。故主张国家社会主义之马克斯与焉，主张无政府主义、共产主义之巴枯宁、克鲁泡特金又与焉。会员中学派既各有不同，则关于进行之手段及目的，均必有所争论。以是之故，马克斯之国家社会主义派，与巴枯宁之无政府主义派，乃互相角逐，互有胜败。及其最后（一八七二年），卒致意见决裂而不可复合。是即国家社会主义派与无政府主义派分离之历史。所谓分离，乃两派不合并为一党而分离，并非无政府主义由社会主义分出之谓。当未分离之前，两派之主张，固始终各执一说，各树一帜。并非巴枯宁之无政府主义原在马克斯之社会主义中，至是始分离也。江氏乃谓分立以前无政府主义原兼赅于社会主义中，其欺人耶？抑不明历史之由来耶？无政府主义始于蒲鲁东，以一八四八年发表其意见，实在巴马二派分离二十余年之前。试问此时蒲鲁东之无政府主义，是否兼赅于社会主义中耶？且即言巴枯宁无政府之运动，亦不限于万国劳动会。两派未分离之前，巴氏亦自有活泼之运动。当一八六七年"万国和平自由会"开会时，巴氏实首先提出无政府主义于该会，主张废除政府以保全和平与正义，该会议决采用，巴氏遂被推为终身会员。翌年巴氏复提出议案，主张极端破坏。当此之时，巴氏尚未入万国劳动会。试问此时巴氏之无政府主义又是否兼赅于社会主义中者耶？又翌年（一八六九）巴氏始入万国劳动会为会员。当未入会之先，劳动会之瑞士分部已有"罗马联合会"之组织。与马克斯派意见不合，而赞成无政府主义，巴氏入会而势愈张，反对马克斯派最烈。次年（一八七〇）拿破仑第三帝政倾覆，巴氏遂乘势运动，欲实现其理想之无政府社会，以里昂为根据地，宣言废弃国家，不幸而遭失败，复之瑞士。次年（一八七一）万国劳动会第五次大会于伦敦，马克斯派势力日盛，巴氏乃与"罗马联合会"共组织"犹拉会"（Jurassienne）以无政府主义为宗旨。又次年（一八七二）乃与马克斯派完全分离。由此观之，巴氏之无政府运动，在未入劳动会以前，已明标无政府主义，固与马氏无关。即入会以后，亦时时有独立之运动，亦明揭无政府主义之名，既与劳动会不一致，更与马氏绝对不一致。是巴氏之无政府主义，与马氏之社会主义，始终绝对不相合。所谓合者，不过同在劳动会之三年中互相角逐、互相争辩而已。相合且不可，更何兼赅之可言耶？江氏又谓"分立以后无政府党特标无政府主义之名词"。然则未分离之前，巴氏果未标无政府主义之名耶？巴氏由一八六七至一八七一数年中之种种运动，其社会主义耶？抑无政府主义耶？请江氏稍展其眼光，一读巴氏之历史及著作，当可恍然悟矣。江氏又谓"从此无政府党遂以社会主义之名词专属之马克斯，而绝不自称其所主张为社会主义"。岂知社会主义之中，有共产、集产之两派。马氏特集产社会主义耳。若共产社会主义，则固无政府党之所主张者，安能以社会主义之名专属之马克斯乎？克鲁泡特金，吾党中泰斗，而极端排斥集产主义者也。然其生平著述，乃往往称述社会主义；其辞辟集产主义时，必明著集产主义或集产社会主义之名，而不单称社会主义。且常曰："无政府主义即真正社会主义也。"又曰："无政府主义者废去政府之社会主义也。"其他无政府大家之著作，论述社会主义者，尤触目皆是，不可以缕述。江氏乃谓无政府党以社会主义专属之马克斯，而绝不自称其所主张为社会主义，果又何所见而云然耶？夫今日一般人之习惯，以社会主义之名专属之社会民主党，固诚有之。吾无政府党人因社会上既有此习惯，乃于名义之见辨别益严，自称或曰无政府党，或曰无政府社会党，或曰无政府共产党，而不欲单称社会党，以免与社会民主党相混，此亦诚有之。然此乃习惯问题，若夫论述学理，则社会主义之名，吾人固不必讳言。安有绝不自称主张社会主义如江氏所云云者耶？江氏又曰："师复反谓圣西门、马克斯为片面的社会主义，而称无政府共产之主张为真正社会主义、完全社会主义。"且谓全世界之社会党人、无政府党人必不公认，而指为怪剧。按本报第二号尝曰："今日好谈半面的社会主义者，往往谓借政治能力可以达到社会主义之目的。"盖吾人以为社会主义当向社会谋解决，不当向政治谋解决。以社会问题而乞灵于政治，是自失其社会主义之价值，故目之曰半面的社会主义。今江氏乃易其词曰以圣西门、马克斯为片面的社会主义，便与原意不符。因圣西门固未尝主张政治运动也。然此或称引之偶误，亦姑可以不论。第就学理言之，则西马二氏之学说，谓为半面的社会主义亦非苛也。何以言之？社会主义必废绝一切私产，方得称为圆满。今西马二氏之学说，对于生产物之分配，均许私有，是明明尚有私产，焉得逃半面之诮乎？至无政府主义即真正社会主义一语，及共产社会主义与集产社会主义相对待时，往往称为完全社会主义，吾既于上文历历证明之。江氏乃指为怪剧，谓世界党人不公认，抑何所闻之不广耶？江氏若必以为怪剧，则克鲁泡特金先生及当世之多数共产主义大家当先承其咎，如师复者又何足道耶？且江氏以三无二各为纯粹社会主义，又谓"纯粹社会主义乃对于国家社会主义而言"（见《洪水集》），然则国家社会主义之不纯粹，言不可知。国家社会主义非他，即马克斯主义也。然则江氏明明谓马克斯未不纯粹之社会主义，而称无政府共产（彼之所谓三无二各）之主张为纯粹社会主义矣。全世界之社会党人无政府党人肯公认乎？抑不肯公认乎？怪剧乎？抑非怪剧乎？忽而奉马克斯为社会主义之教主，忽而谓其主义为不纯粹，怪剧之中，复有怪剧，吾于是又不得不叹观止矣！

> 江氏曰：师复又痛斥余不明社会主义之派别，而以马克斯之集产主义纳之共产主义为可骇。以余所闻，则社会主义最通行、最紧要之第一著作，即马克斯所手草固明明曰《共产主义宣言》也。马克斯自己不明社会主义之派别，而自己纳之共产主义中，当尤为师复所大骇特骇不一骇者已。

嘻，此即江氏欲藉以掩饰其不明学派之答辩词乎？一八四七年马克斯发表《共产宣言》自称共产主义。（此宣言之纲领，即禁止土地私有，课累进税，禁相续权等等，即今日社会民主党之纲领所奉为蓝本者也。）盖因当时共产（Communism）、集产（Collectivism）两名词，尚无严确之定义，故马氏得混用之，而巴枯宁即以反对马氏主张之故，特称集产主义以自别。若在今日，两名词之定义，既已无人不知，便可从而诠释之曰：马氏名为共产，实即今日之集产；巴氏名为集产，实即今日之共产。可见马克斯之所谓共产主义，不过历史上之名词（在今日论列学派者则皆以马氏为集产派），稍读社会主义史者当无不知之。记者于本报第十二号第九页《答尚任》书一尝下以诠释，曾何足骇之有？惟江氏之不明学派其病不在以马克斯为共产主义（江氏向未尝有此语，本报亦未尝谓江氏有此语），而在胪列共产与集产之学说统而名之曰共产主义（参观《孙逸仙江亢虎之社会主义》），今江氏欲护其短，乃易之曰"师复斥余以马克斯之集产主义纳之共产主义为可骇"，思藉马氏之《共产宣言》以自掩，此其狡狯欺人为何如耶？马克斯之《共产宣言》，谈历史者，不妨仍其共产之名，若诸家之集产学说，则无论如何，决不能谓之共产。今江氏则统而纳之共产主义中，其言曰："共产主义——产分动产与不动产，此派中有主张一切共有者，有主张不动产共有而动产仍私有者，有主张不动产公有而动产则废除者即废产主义；废产主义有名实俱废者，各尽所能各取所需，不计价值也；有名废实不废者，即一种进化的银行汇划法也。此外更有均产主义集产主义与共产颇不同。"江氏此论，其不可解之点不可枚举。请申说之：田地房屋为不动产，金钱器物为动产，此法律上用以分别产业之种类者也。若社会主义之分别产业，则以土地、机器等等为生产物（即生产机关），衣食房屋等为需要物（即所生产之物），而动产与不动产之名词，则不适用于社会主义之意义者也。今江氏之动产不动产云云，不知何指？亦不知为谁氏之学说？然以意度之，则必误以生产物为不动产，需要物为动产无疑。（本报第六号如此假定，江氏亦无异辞。）社会主义中最浅而易知之用语，江氏尚不能辨别，不可解者一。若不动产与动产果作生产物与需要物之解释，则主张生产物公有而需要物私有者，明明为集产主义之学说，今江氏乃列之为共产主义之一派，不可解者二。各尽所能，各取所需，为鲁意布朗之学说，当世学者皆通称曰共产主义而已，江氏则又从而名之曰废产主义，其本之谁氏，不得而知，然以余所闻，则共产主义乃尚产派（Domoinist）之学说，与废产派（Indominist）乃适相反，不可解者三。江氏之所谓进化的银行汇划法，语不明瞭，不知何指，然集产学说中，有主张按各人工作之多寡而给以相当之工券——可以互易物品无异银行之金券者，江氏或即指此种亦未可知。若然，则明明为集产学说，江氏又列为共产主义之一派，不可解者四。江氏此论，分共产主义为四派（一动产不动产均公有，二不动产公有动产私有，三各尽所能各取所需不计价值，四进化的银行汇划法），若由今世学者普通之分派言之，则第一、第三两派均共产主义之学说，第二、第四两派均集产主义之学说。江氏乃统列入共产主义中，既以集产主义列入共产主义，混共产、集产为一物矣，复从而申言之曰"此外更有集产主义与共产颇不同"，此种集产主义，究为何物？不可解者五。有此五不可解，江氏之不明学派，又岂余深文周内之词耶？吾久欲闻江氏如何分别共产与集产而不可得，近偶检《天声》第一集，忽见其在杭州之演说曰："共产社会主义欲保持财产之平均，主张将私人所有之财产，作为共产，国家存在之日则归之国家。集产社会主义，主张集私人之财产于一处，以营事业，年终均分红利，以免自由竞争之弊害。"呜呼，此即中国社会党五十万党员代表之江亢虎先生所下共产主义与集产主义之定义乎！苟以稍有社会主义之常识者观之，其不为之喷饭者几希矣？夫所谓将私人财产作为共产者，其但指生产物（土地、器械等）耶？抑兼指生产物与需要物（衣、食、房屋等）耶？于此二者既不明言，则共产之义尚未明瞭也。且共产主义必主张以一切财产归之社会，无论是否无政府，均无有主张归之国家者。（若德意志派之专制共产主义，与近世之所谓共产主义，全异其旨趣，不能借以为口实。）主张以财产归国家，则惟社会民主党之集产主义耳。乌足以言共产？至其解释集产主义以为"集财产于一处以营事业年终均分红利"，尤足令人捧腹。以此为集产主义，则所谓集产者，乃一大贸易之公司，以有财产者为股东，而相与经营商务，是真古今东西未有之奇闻！江氏之分辨学派如是如是，吾于是又不得不叹观止矣。

　　江氏曰：师复又谓余初则宣言赞成无政府主义，今则宣言反对无政府主义，两者皆不知其何指？惟余十年前所倡道之三无主义，固明明为无国家、无家庭、无宗教。师复乃代改国家二字为政府二字，而谓家庭、宗教不能与政府并列，至以种种丑语形容之。如此强题就文，殊令观者叫绝。

　　江氏之忽而赞成无政府，忽而反对无政府，记者于《答李进雄》书中已历历指出其证据，请江氏一读，自知其所指，不可诬也。至江氏之所谓三无主义，其《三无主义悬论》文中虽指无国家、无家庭、无宗教，然除此之外，凡言三无主义，皆举无政府、无家庭、无宗教为言。如在杭州之演说曰："无治社会主义……余欲称之为三无主义，即无政府无家庭无宗教。"（见《天声》杂志第一册题为江亢虎大讲演）《中国社会党重大问题》又曰："大抵高尚卓越之士，多祈望本党成为纯粹社会党，以达到无家庭、无政府、无宗教之理想世界为宗旨。"其答案又曰："无治党可标举无政府、无家庭、无宗教为其究竟之宗旨。"其后江氏又发起三二学社，其社约又曰："纯粹社会主义有三无二各之学说，三无者无政府无家庭无宗教也……"以上皆江氏之言论，明证具在，岂可虚造？是江氏除《三无主义悬论》之旧文外，其他最近之言论，皆以无政府、无家庭、无宗教三者并举，称为三无主义，且以代无政府主义，又以为无政府党之究竟宗旨。（江氏之《三无主义悬论》，乃数年前之旧文，自谓"事过境迁不复成章，不过存为纪念而已"。然则吾人引述江氏言论，自当以最近者为正，此实征引人言之通例也。）言犹在耳，墨且未干。江氏仍狡赖不认，反谓余代改国家二字为政府，谓余强题就文。噫！既食言之不已，复反唇以诬人。江氏之无俚，至于此极，能不为之齿冷哉！抑吾且故让一步，假定江氏之所谓三无，确为无国家、无家庭、无宗教，则又试问此三者果足以尽无政府主义（Anarchism）之意义否耶？除国家、家庭、宗教之外，如军国主义（Militarism）、资本制度（Capitalism）等无政府主义亦反对之乎？抑不反对之乎？以无国家（或政府？）、无家庭、无宗教三者为无政府主义。（因江氏明言称无治社会主义，曰三无主义，又谓无政府、无家庭、无宗教为无治党之究竟宗旨故云。）此真未之前闻之解释，诚非吾人所能梦见者矣。

> 江氏曰：至于 Anarchism 一语，其内容诚可解为广义，然一译作无政府三字，则既曰政府，即非家庭亦非宗教，而师复乃以为一切包括无遗。忽而取其多，则谓政府、家庭、宗教三者尚在未尽；忽而取其少，则谓无政府三字即已有余。"日近长安近"只顾自己说得有理由而已。余意则以为就文字言，无治主义较为适当；就习惯言，无政府主义较为通行。故吾人姑沿用其名词，而别须分疏其定义，若谓政府二字即有家庭、宗教种种之含义，如余揣昧，良不足以知之。

江氏以为 Anarchism 译作无政府即不足以包括无家庭、无宗教，然 Anarchism 之原字则谓可释作广义，是其原语足以包括无家庭与无宗教，江氏想亦知之。Anarchism 既足以包括无家庭、无宗教，今译入华文称为"无政府主义"，仍不过藉以代表 Anarchism，而主义之性质、作用及定义则固未尝有所出入。断无在 Anarchism 则其义可广，一易以无政府主义之代表名词，其义忽变而为狭之理也。今江氏乃谓一译作无政府即不能包括，其理由果何在乎？岂所谓无政府主义者，在西文则其义广，在华文则其义狭，如水银之忽缩忽涨者乎？在吾人之意，以为无政府主义（Anarchism）反对一切强权，所包甚广，苟于其中特标政府（或国家?）、宗教、家庭三者反对之，尚不足以尽其义，惟取无政府主义（Anarchism）之名，然后其义乃无所不赅，前后意义一贯，何所谓忽取其少、忽取其多耶？且吾人但谓无政府主义（Anarchism）可以包括无家庭、无宗教耳，固未尝谓"政府"二字之字面足以包括宗教与家庭也。今江氏乃强易之曰"若谓政府二字即有家庭宗教种种之含义……"云云，虽三尺童子皆知其不通。是无异吾人谓 Anarchism（无政府主义）可以包括 Anti-familialism（反对家族主义）、Anti-religionism（反对宗教主义），而江氏则易之曰 Government（政府）一字可以包括 Family（家族）、Religion（宗教），岂不令人喷饭耶？夫无政府党无有不反对家族与宗教者。其反对家族反对宗教之学说，亦皆纳之无政府主义中，固未闻以反对家族（Anti-familialism）反对宗教（Anti-religionism）与无政府主义（Anarchism）三者并举也。江氏乃谓姑沿用其名词而别须分疏其定义，然则无政府主义（Anarchism）苟非如江氏之分疏以无政府（或国家?）、无家庭、无宗教即不足以知其定义耶？江氏之所谓无政府（或国家?）、无家庭、无宗教果可以尽无政府主义（Anarchism）之意义耶？以无政府（或国家?）、无宗教、无家庭三者平列分疏无政府主义（Anarchism），果出之何家之学说耶？今请正告江氏曰：所谓无政府主义即 Anarchism 文字虽不同，而此主义之定义与范围则未尝有异。惟江氏执著字面，误为排斥政府、反对政府，无怪其格格不入，以为不能包括无家庭、无宗教而特创所谓三无主义之名矣。江氏又谓以文字无治主义较为适当，吾不知无治二字与江氏之所谓三无又能相合否？无治则无政治耳，又岂能有家庭、宗教种种之含义耶？然则所谓较为适当者又果何在耶？

> 江氏曰：主张无政府主义恒攻击社会主义，此各国无政府党人之通病也。攻击社会主义，又自称为社会主义，而反谓社会主义非社会主义，此则中国无政府党人之特色也。

无政府党所攻击者，集产社会主义、国家社会主义也，而非攻击一切之社会主义也。无政府党多数主张无政府社会主义，共产社会主义，是无政府党不独不攻击之，抑且主张之矣。江氏挟其一孔之见，以为国家社会主义、集产社会主义之外别无所谓社会主义，甚至欲奉马克斯为教主，以社会主义为马克斯之专利品，于是以攻击社会主义为各国无政府党人之通病。陋哉！至余之反对江氏，乃反对其遗弃社会主义之根本要义（土地、资本公有），而以社会政策为社会主义。江氏所最尊崇者马克斯，而马克斯最要之主张（土地、资本公有）江氏即不敢附和。是江氏虽欲窃社会主义之名，而其实尚不足以望集产社会主义、国家社会主义之项背。然则吾人之反对江氏特反对社会政策耳，尚未足以语各国无政府党之反对集产社会主义、国家社会主义也。而江氏乃谓余攻击社会主义，江氏诚欲借社会主义以自重，其如实不足以举其名何？至谓"攻击社会主义，又自称为社会主义而反谓社会主义非社会主义，为中国无政府党人之特色"，今请即如其言以释之曰：吾人之所攻击者，江亢虎之社会主义（实即社会政策）也；吾人之自称为社会主义者，乃主张共产社会主义、无政府社会主义也。吾人谓社会主义非社会主义者（此语有语病，特姑仍江氏之语耳），乃以集产社会主义、国家社会主义为不完全之社会主义，而江氏之社会政策则更每下愈况，尤不足以列于社会主义之林也。此种意见，不独中国之无政府党为然，即万国之无政府党亦无不皆然。

江氏原文此下尚有九八百言，欲求其意旨之所在，了不可得。无非对于师复个人，谩骂而狂吠。（如谓余不欲中国更有倡导社会主义之人，谓余干涉彼之言论行动，谓余专制胜周厉王、秦始皇百倍，如此种种，颇类疯人之语。）江氏自己不重惜其人格，惟本报则决不愿效其尤，与为村姬之角口，故惟有一笑置之，而不欲赘述以误读者之耳目。自今而后，江氏如能循辩论学理之范围而有所答辩，本报当乐与讨论。若犹是一派谩骂之谈，本报亦只有自守言论之道德，决不与之哓哓。江氏之骂人自由，尽可达至圆满之域也。

《民声》第 14 号、15 号，1914 年 6 月 13 日、20 日

亦见《师复文存》

致无政府党万国大会书
（1914 年 6 月 27 日）

  我亲爱诸同志乎！吾党在欧洲之现状，诸同志知之稔矣。若其在东亚之实况若何，则知之者必居最少数，且即知之亦决不能详。吾于是知君等之亟亟欲闻吾东方同志之报告与意见也。此次大会，吾人未能躬与其盛，殊为抱歉。然窃喜得乘此机会，陈述中国无政府党之短期历史及吾人之主张与夫对于大会之意见，于我最亲爱而尚未能握手之诸君之前。诸君幸少留意。

  当中国未革命之前，人民言论行动绝对不能自由，故凡革命党多避居于东西各国，以是之故，得吸受各国社会主义、无政府主义之思想而转贩于国人。一千九百零七年六月廿一日，吾党之在巴黎者始发刊华文无政府七日报，名曰《新世纪》，主笔政者为李石曾君，是为吾党第一之言论机关。同时在留日本之张继、刘光汉等发起社会主义讲习会于东京，与日本党人辛德秋水辈游。是会不但研究社会主义，实研究无政府主义者也。至次年刘氏复密刊《衡报》鼓吹无政府主义。是时东京之中国留学生数以万计，张刘以著名之革命党，提倡斯道，以故留学生社会中，对于社会主义、无政府主义诸名词，颇耳熟而能详，惜其时学生之思想，大抵亟亟于种族革命、政治革命，而对于社会革命之义理，不免冷谈。未几刘氏返国而为端方之幕宾，张氏亦去东京而走巴黎，于是东京社会主义之声响阒然沉寂，而巴黎之《新世纪》遂为独一之机关矣。《新世纪》继续出版者三年，编辑李君不但热心，且精研学理，多与法比党人游，凡克鲁泡特金（P. Kropotkine）及其他诸大家之著述，时时译为华文，复别刊传播小册子多种。虽当时满洲政府文网綦密，邮禁殊严，《新世纪》绝不能输入内地，然中国无政府主义之种子，实由此报播之矣，至一九一○年四五月间，竟以他故停版，至今言之，犹为惋惜。李君现仍居巴黎，潜心译著，欲以科学教育灌输无政府主义，欧洲之中国留学生感受其思想者殊众。

一九一一年十月，中国革命军兴，南方各省次第独立。江亢虎乃在上海发起"中国社会党"，其党纲有八：一赞成共和，二融化种界，三改良法律尊重个人，四破除世袭遗产制度，五组织公共机关，普及平民教育，六振兴直接生利之事业，奖励劳动家，七专征地税罢免一切税，八限制军备，并力军备以外之竞争。就表面观之，颇类社会民主党之主张。惟江氏宣言非政党，且不运动选举，而对于资本制度之解决，则只主张遗产归公，而不主张土地资本公有，又批评共产集产以为均不可行，而仍赞成自由竞争，此则视社会民主党为尤下者也。尤异者，江氏尝自称主张无政府社会主义，然忽又批评无政府以为不能安居不能进化，又谓无政府党采用强权，其矛盾而可笑于此可见矣。

一九一二年五月，晦鸣学舍发起于广州，是为中国内地传播无政府主义之第一团体，数年前《新世纪》所下之种子，至是乃由晦鸣学舍为之灌溉而培植之，刊布多数之印刷品，介绍其学说于内地，一时风气颇为之披靡。凡一般研究社会主义者，皆知无政府社会主义之完善，且知国家社会主义之无用矣。

无政府之思想既渐发生，故是年（一九一二）十月"中国社会党"大会时，遂有无政府主义与国家社会主义之两派提议分离，惟江亢虎则骑墙中立，提议在"中国社会党"之内，分组两党，一"中国社会党之无治党"，一"中国社会党之民主党"，两党皆冠以"中国社会党"之名，皆须奉其所订之八条党纲，（前所举）其说颇堪发噱。开会后无人赞成，两派分离之议亦无结果，卒有愤愤、乐无等宣布脱党，别组一"社会党"，主张：一实行共产，二尊重个人，三教育平等，四破除国界，五破除家族，六破除宗教。其思想及其组织虽与吾人见解微有出入，然不能谓非昙花一现之无政府的社会党也。惜发起仅一月，即为袁世凯所禁止，不能自由运动矣。

一九一三年夏间，袁世凯复借内乱之名，解散"中国社会党"。袁氏之骄横暴戾，固不待论，而"中国社会党"亦以分子复杂实力缺乏之故，一经风潮，立即瓦解，当是之时，全国之中，硕果仅存者惟一广州之晦鸣学舍耳，风雨飘摇，传播事业仍孜孜不已。至是年八月二十八日其机关报《民声》乃乘南北战争风潮最烈之时而出世，直接鼓吹无政府主义，仅出二期，遂为龙济光所禁止，并封晦鸣学舍。袁世凯及黎元洪且通电各省拿禁。诸同志出走澳门，期继续吾人事业，而彼等复怂恿葡人干涉，《民声》不能公布，虽曾在澳秘印两期，然侦缉过严，举动悉不自由，不得已复去而他适，《民声》得续刊至今。

最近一二月间，上海同志发起"无政府共产主义同志社"，本社之设，一方面传播主义，一方面联络世界同志期为一致之进行，又一方面则鼓励内地之同志各就其所在地设立传播机关，以为将来组织联合会及实行革命运动之预备，此则本社之目的也。

此外如常熟则有无政府主义传播社"Antauen ghis la Venko"，南京则有无政府主义讨论会，广州不日亦将有无政府共产主义之团体成立，凡此皆足为传播机关者。至言论机关除《民声》外，尚有《正声》出版于南洋，在中国工人中传布颇广。

以上即中国无政府党十年来之历史及现在之实况也。

无政府主义之在中国，所谓襁褓时代之婴儿耳，吾人述之亦甚滋愧。然而无足怪也。当满清时，国人蜷伏于专制政体之下，遭最痛苦之苛政。受最腐败之教育（大多数人且并此亦无之），人格全失，新思想何由发生。及其季年，欧美、日本之新思潮虽渐渐输入，而其间有志者又皆奀奀于政治革命之一途，未暇留意于社会之革命。迄乎清室既倒，宣布共和，吾人以为可以乘此机会自由传播矣。不料袁氏秉政，其专制乃甚于满清，不独吾党备受摧残，即温和如"中国社会党"亦且不能相容。言论集会之自由，剥夺净尽，以吾党之幼稚，而处此艰难之恶境，其不能有若何猛厉之进步。固有由矣，是故吾党今日在中国之运动，有较欧美为易者，亦有较欧美为难者。何以言之？中国之无政府同志几皆主张共产主义，而无主张个人主义（Individualismo，亦译独产主义）者。思想既一致，门户之见自泯，易一；中国向无社会民主党，亦无人倡集产主义之学说，至江亢虎所倡之社会政策，则自"中国社会党"解散后，声响已寂，虽江氏仍在美洲期传播于中国之侨民，然信者绝稀，不足为吾人主义之大梗，易二。然既有二易，亦有二难。中国工人智识极低，全无普通教育，识字者稀，即或略识之，亦鲜能读书报者，各行业虽间有工人会，然绝无社会的及政治的思想，故欲激发之使能抵抗资本家，颇非易事，难一；中国政府既嫉视吾党，在内地不能自由行动，吾党之书报均被禁止，官吏之对待平民，稍不如意即加杀戮，故皆相戒不敢阅读及收藏无政府书报以期免祸，因之传播事业异常棘手，难二。虽然，吾人固绝不畏其难，抱至死不挠之精神，竭尽能力，以与境遇战斗，非至达吾目的不止。

今度大会，吾人虽未能赴会，然窃有无限之欢祝，无限之热诚，邮贡于我大会之诸同志，并欲有所提议于大会者如下：

（一）组织万国机关——吾党万国机关（Tutmonda Organizaoj）之议，发起者已非一日，今则时机已至矣。吾党散在各国，非联合（Un-uigo）则声气不通，势力不厚，其要固不待言。然图精神之联合，不可无联合之机关，此万国机关之所由不容缓也。顾此种机关，其性质只为吾党交通声气之枢纽，而决非权力集中之主体；其职务只在联络各分会及各小团体倡导吾党事业，而无统辖各分会及各小团体之权。

（二）注意东亚之传播——此事固吾东亚党人惟一之责任，惟吾等势力幼稚，外围之迫压复酷，苟非得欧洲诸国吾党之先进，本其所经验，竭力相助，以匡吾等之不逮，则进步倍觉其难。今日无政府主义之传播略广者，仅欧洲一小部分耳，欲图世界革命之实现，不可不注意于人口极众、地积极广之亚洲也。

（三）与工团党（Sindikatistaro）联络一致进行——吾人恒言无政府其目的，工团主义（Sindikatismo）其手段，明两者之不可须臾离也。近来工团党与吾党之联络，似尚未达圆满之域，吾党不可不留意。

（四）万国总罢工——总罢工之议，吾党历年运动，均未得圆满之效果，是皆吾党未能联合之故。目下奥塞战争，全欧之和平，势将破坏，窃谓宜乘此机会与工团党及反对军备党携手运动，实行万国总罢工。则吾党之进步，必有一日千里之势。

（五）采用世界语——吾党散在各国，言语不一，此实为不能联合之一原因，窃谓宜采用世界语，以受语言一致之效。凡吾党之正式文字，均以世界语为主，而各国语为辅。并多结团体，传播世界语于吾党［如《自由星》（Liberiga Stelo）之类］，多刊世界语印刷品，从事于万国传播（Internacia propagnado），此举不独足收言语统一之效，且于东亚之传播有绝大关系，盖东方同志之谙世界语者颇多故也。

以上卑无高论之意见，想诸君早已见及，惟诸君有以教之。并引领以祝大会之成功。

无政府万岁！

大会万岁！

无政府共产主义同志社启

《民声》第 16 号，1914 年 6 月 27 日

亦见《师复文存》

答飘飘
（1914 年 6 月 27 日）

　　来书曰："蒙所疑者，恐将来（指无政府之初期）之工作分配不均，例如机器未十分发明之时，必有挑担之工，然同是挑担，草担轻而粪担臭，孰不担草而担粪乎？"答曰：无政府之世，工作之分配纯以自由之意志及互相之热诚为根本，吾人苟认互助为人类之本能，则规避工作及苟且塞责之弊，在无政府之世，可决其必无。虽有用力较劳之工作，其筋力较强者必争先担任之，而决无所畏避。至于一切有碍卫生及令人厌恶之事，则必竭力求其改良。如笨重之输运，秽浊而危险之矿坑，以至如来书所举之挑粪等等，均必改用机器。此等机器，现在欧美发明已久，其应用尚未广者，则以有资本制度之故，凡较人工略贵之机器即不肯采用耳。若一旦无政府共产实行，便可自由使用，其未有此种机器之地方，立发一电，曰此间需用某种机器若干，朝接电而夕装运，不及数月，无论天涯地角，机器鳞鳞于道矣。若谓需用太多，一旦不能应其所求，此亦不必过虑。盖此时凡军事之大工厂及一切无益之消耗品制造厂，皆将改为制造日用必需品之工厂。且各处均可招请技师，多开机器制造所，依式仿造，则机器之出产，自无缺乏之患。至于运输未到及制造未成之最短期间，吾无政府党当力守多劳力，而少享福之格言。凡一切艰苦之工作，吾无政府党当率先勉力任之。须知无政府何以能实行？必无政府主义已得多数之赞成而后可，是即无政府党已占多数也。以多数之无政府党，独不能任此区区乎？

　　来书又曰："初行共产之时，道德尚未充分，又无法律之限制，共聚一方之人，固能尽其所能，取其所需，若志好游历者，今日之东，明日之西，东西之人岂可不许其各取所需乎？苟其许之，道德未充分之多数人，尤而效之，将若之何？欲摈之一群之外，则彼辈东西无定，摈之无从摈，若设法限制之，则彼辈任意掠夺，限之无可限，若武力对待，又恐寡不敌众，此则不能无疑耳。"答曰：讨论此问题者，当先承认两前提。一则无政府共产之所以能实行，必无政府共产主义传播已广，赞成此主义者已居多数。二则私产既废，不道德之根苗已绝。（道德一语，本无界限，在无政府党之意见，则以为不道德之根苗，纯由社会组织之不善，宗教法律，固足为道德腐落之原因，而私产尤为万恶之源泉。若一旦私产废除，复无宗教上法律上之伪道德以束缚人心，则人类本来之良德必异常发展。此理由《无政府浅说》曾详论之。）此两前提既认定，则来书所疑"道德未充分之多数人"一语，必无从见之事实。而所谓任意掠夺寡不敌众云云，尤可决其必无者也。至对于游历者之工作，亦甚易解决。盖聚处一方者既当工作，则游历异地者在理亦当工作，在势亦未尝不可工作。（如以半日游历半日工作，于势极顺。）且聚处一地者既能各尽所能，则游历时亦必思有以尽其所能，是事实上亦断无于此则工作于彼则不工作之虑也。至谓专藉游历之名以规避工作，此等卑劣不进化之种子，吾不敢谓天地间必无其人。然即有之，亦必最少最少，此则可断言者。既属最少数，则屏斥之或感化之均属不难，断不至如来书大多数云云之所虑也。夫人而至于借名游历以规避工作，其苦更甚于今世之逃犯，游历之快事，反变而为无限之苦恼，人又何乐而为此哉？（逃犯为避惨酷之刑罚且为抵抗强权之一端，故比较上反觉其乐。若仅避轻易之工作，而受良心责骂社会摈弃之苦恼，谁肯为之?）

《民声》第 16 号，1914 年 6 月 27 日
亦见《师复文存》

无政府共产主义同志社宣言书
（1914 年 7 月 4 日）

一九一四年七月，无政府共产主义同志社成立于上海，聚会既毕，乃公布宣言书于众曰：

无政府共产主义者何？主张灭除资本制度，改造共产社会，且不用政府统治者也。质言之，即求经济上及政治上之绝对自由也。

资本制度者，平民第一之仇敌，而社会罪恶之源泉也。土地、资本、器械均操之不劳动之地主资本家之手，吾平民为服奴隶之工役，所生产之大利，悉入少数不劳动之囊橐。而劳动以致此生产者反疾苦穷愁，不聊其生。社会一切之罪恶，匪不由是而起。故吾党誓歼此巨憝，废除财产私有权，凡一切生产机关，今日操之少数人之手者（土地、工厂及一切制造生产之器械等等），悉数取回，归之社会公有。本各尽所能各取所需之义，组织自由共产之社会，无男无女，人人各视其力之所能，从事于劳动。劳动所得之结果——衣食房屋及一切生产——劳动者自由取用之，而无所限制。

政府者，名为治民，实即侵夺吾民之自由，吾平民之蟊贼也。吾人有自由生活之权利，有个人自治之本能，无需乎强权之统治者也。故政府必废，将来之社会，各个人完全自由，无复一切以人治人之强权，是之谓"无政府"。行无政府于共产社会，是之谓无政府共产主义。

抑"无政府"以反对强权为要义，故现社会凡含有强权性质之恶制度，吾党一切排斥之扫除之，本自由、平等、博爱之真精神，以达于吾人所理想之无地主，无资本家，无首领，无官吏，无代表，无家长，无军队，无监狱，无警察，无裁判所，无法律，无宗教，无婚姻制度之社会。斯时也，社会上惟有自由，惟有互助之大义，惟有工作之幸乐。

吾人为欲实现无政府共产之社会，所用之唯一手段则曰"革命"。

（革命者，非但起革命军之谓也，凡持革命之精神，仗吾平民自己之实力，以与强权战斗之一切行动，皆曰革命。）对于真理之障碍物，以"直接行动"划除之，无所容其犹豫。

吾党乃宣言于支那于平民曰：无政府共产主义，乃光明美善之主义，出汝等于地狱，使入正当愉快之社会者也。"无政府"乃社会进化必至之境。近世纪科学之发明，与夫进化之趋势，皆宛与无政府之哲理相吻合。故谓"无政府"为理想世界无从实现者非也。无政府之社会，人人自由，人人自治，以独立之精神，以互助之大道，其组织之美善，必远胜于政府之代谋。故不必虑无政府即秩序扰乱也。无政府党万国联合，不但为一国说法，故中国无政府他国必来干涉之说，亦不必虑也。吾人之反对资本制度，乃主张废除资本之私有，非但反对大资本家而止。故中国尚无大资本家，社会革命非所急务之说，亦不足以阻吾人之前进也。人类之罪恶，实生于社会制度之不良，吾人改造现社会之组织，即所以灭除人类罪恶之根苗。改造社会，同时即改造个人，故人类道德不良不可无政府之说亦无由成立也。总之无政府共产乃人类天然生活之本则，社会进化之要道，亦为二十世纪不可避之趋势。吾人可无庸疑虑者也。

又宣言于支那之同志曰：无政府共产之实行，赖乎吾党之实力。而欲增进吾党之实力，则联合全体，一致进行，实为今日惟一之要务。凡我同志，当各在其所在地与宗旨相同者联络为一。相其情势，创设自由集合之团体（或为秘密之组织或为表面研究学术之机关），以为传播主义联络同志之机关，以为将来组织联合会之预备。联合会未成立以前，则以本社为暂时之交通机关，无论为个人，为团体，均望随时与本社互通声气。务使散在各地之同志，精神上皆联为一体，实际上皆一致进行。

又宣言于世界各国之同志曰："万国联合"已为吾党今日一致之趋势，吾人虽不敏，窃愿互相携手，向此同一之途径而行。当支那无政府党联合会未成立之前，暂以吾社为交通机关。凡世界各国吾党之团体或个人，均望随时与本社互通声气。凡吾党之国际的行动，本社同人愿勉力担任之。

我辈向前进！

无政府万岁！

《民声》第 17 号，1914 年 7 月 4 日

亦见《师复文存》

江亢虎之无政府主义
（1914 年 7 月 4 日、11 日）

余与江氏辩难既详且数，雅不欲再渎阅者之听；惟见江氏最近宣言书，其中对于无政府主义之意见，独居别解，足令闻者愈滋疑窦，故不避词费，再辩之以解第三者之惑，固不为江氏一人发也。

江氏之宣言曰："鄙人……对于无政府党，不赞成其采用强权，否认机关。"江氏以采用强权，否认机关二者为无政府党之咎，此吾人所不能不一为研究者也。

"强权"一语，在欧文为奥陀利替，Autorite（法）Authority（英）其译为"强权"，实始于《新世纪》报。如克鲁泡特金所著之"*La Loi et l'Autorite*"译为《法律与强权》。此外凡遇奥陀利替字均以强权译之。而日本辛德秋水译克氏《面包略取》一书，亦沿用此译语。考之英法各大词典，"奥陀利替"者，法定之权力，如法权、亲权、首领权等是。申言之，凡法律或章程所规定或社会习惯所认定之一种权力，足以命令人或限制人者，谓之"奥陀利替"，实自由之对待语也。此物在法律家视为正当之权力，惟无政府党则恶之如仇。无政府党之反对"奥陀利替"，与社会党之反对资本制度无异。盖无政府主义主张无限制之自由，绝对不承认法定之权力，凡所谓法定之权力，必侵夺他人之自由以为权力者也，故命之曰"强权"。凡无政府党无不以反对强权为职志。今江氏反指无政府党采用强权，真不知其从何说起也？或乃告我曰：江氏之所谓强权，盖指无政府党之主张以武力对待政府耳。若然，则以武力为强权，不但误解字义，抑且重诬无政府主义矣。夫政府挟其政治势力，侵夺吾人本来之自由，资本家挟其资本势力，掠夺世界共有之生产机关及工人劳动之结果，两者皆与强盗之挟武器以行劫掠无异。人苟被强盗劫掠，而以武力抵抗之，取还其赃物，无论何人，均许为正当之防卫者也。今无政府党以武力对待政府与资本家，抵抗政治上及经济上之强权，恢复本来之完全自由及正当生活，与抵抗强盗，事同一例，亦为合理之防卫。而乃诬为采用强权，此何理由乎？然则吾人当任政府与资本家之迫压，束手帖耳而不与抗，始谓之非强权乎？或又告我曰：江氏之意，亦未必如此，特欲用和平手段而不主张激烈耳。若然，则激烈手段更不得指为强权也。江氏不曰激烈手段，而曰强权，是已显存先入为主之见矣。且无政府党之手段，向分两派：一不主用强劲手段而欲以渐变革命者，是为改良派（Reformiste），如高得文、蒲鲁东等是；一主用强劲手段而不主渐变者，是为革命派（Revolutionnaire）。革命派之中，又分为两支派：一主张抗税抗兵役等者，是为抵抗派（Renitente），如都克、托尔斯泰等是；一主张暗杀大革命等者，是为扰动派（Insurrectionnelle），如巴枯宁、克鲁泡特金等是。可见无政府党并非全数主张激烈。江氏如不主张激烈，尽可曰不赞同扰动派之无政府主义，而赞同抵抗派或改良派之无政府主义，固不必以激烈手段概尽一切之无政府党，更万不能诬激烈手段为强权也。

至谓"无政府党否认机关"，吾已于《答李进雄》详辩之。盖无政府党只排斥强权的机关，而主张自由的机关，并无绝对否认机关之说，世人不察，往往怀此误会，故托尔斯泰（L. Tolstoy）尝曰："世人常谓无国家即无公共事业（如教育等等）之机关，噫！此何说乎？吾人不用统治机关之后，何故不能组织生活必要之机关乎？吾人此时自治吾事，岂不较统治机关之为他人治事者为更善乎？在今之世，吾亦见有种种独立的组织，并不藉国家之力而反胜于国家统治机关百倍者矣，'劳动公会'、'合作团'（Cooperativo）、'工团'（Syndicat）等是也。况在无国家之世，一切强权，消灭净尽，吾人岂反不能从事种种组织乎？"托氏此言，可以辟尽一般之误会矣。

然江氏之所谓无政府党否认机关者，其仅如一般人之误会乎？抑所谓机关，固别有他解乎？吾尝参之江氏平日之言论，始知江氏之所谓机关，固非如是云云者也。

江氏之《洪水集》有曰："俄国无政府党人史特孟君……谓无政府实无强权之意，非无机关组织之意。若免关税，撤军备，专从事于教育与实业，则教育与实业之机关组织，必更繁密完美，而政府者，不啻公司之经理，学校之教师，无强权即无罪恶矣，意与余全同，窃自信为无政府之正解也。"（记者按：史氏现在在上海为律师，自称非无政府党，且非社会党，惟其人学问尚佳，当不至为此无意识之论。余尝以所述之言质之，询以有无讹误，史氏谓当直接致函江氏嘱其更正，但不欲宣布意见于报上云。然江氏既自谓"意与彼全同"，则上述之言，是否出自史氏及其中语意有无出入均可不论，直假定为江氏之意见可也。）所谓"无政府实无强权之意，非无机关组织之意"，此语极是。惟所谓强权与机关当先为界说。强权者"奥陀利替"（Autorito）也（其定义已述于上）。凡握有"奥陀利替"之机关，无政府主义必主张废绝之。何为握有"奥陀利替"之机关？即政府是也，即立法、行政、司法三部之种种机关是也（无论中央的或地方的）。换言之，即由法律或章程规定有权管理公务之机关是也。此种机关既含有"奥陀利替"之性质，即为强权的机关，故无政府党必废绝之，而主张自由组织之机关。何为自由组织之机关，即关于生活必需之公共事业，如衣服、饮食、建筑、教育、交通及其他等等，当自由组织种种公会或团体以经营之，由单纯以至复杂，惟绝无丝毫之特别权力。（奥陀利替）可以施号令定规则含有管理之意味，一切经营，惟按公共意思之结果而行之，若是者为自由之组织。今江氏之所谓"机关"者，其为自由组织的机关乎？抑为奥陀利替的机关乎？由前一说则当与无政府党完全同其意见，何以宣言书又自称"所异于无政府党在有机关"乎？由前一说则当与无政府党完全同其意见，何以宣言书又宣称"所异于无政府党者在有机关"乎？且既主张自由组织，则必排斥"奥陀利替"（强权）而凡属政府，在所必废，何故又谓若政府无军备、关税即无强权乎？由后一说，则既主张奥陀利替的机关，即主张强权之存在，即为主张强权主义（Autoritarisme）、"强权论家"，即与无政府主义之宗旨根本反对，即当绝对否认无政府主义，又何必为无政府多作解释，且自称为无政府之正解乎？两说无一可通。江氏之讨论学说，或表示主张向皆语焉不详（无非只下断语而不说理由），故令人无可捉摸。然试细按上文所引之言，则江氏之所谓机关，实指政府而言，盖为后一说之解释无疑。何以言之？江氏谓免关税，撤军备，政府即无强权，是江氏明明主张有政府者，特反对关税、军备而已。盖江氏之意，以为政府惟有关税军备乃有强权，若但从事教育与实业即无强权。对于"强权"之解释既误（世人往往以强暴行为 Violence 为强权，而不知强权乃"奥陀利替"，江氏亦同此误），斯对于无政府之见解亦因之而俱误。殊不知无政府主义之反对强权，乃反对一切"奥陀利替"（以其侵害完全自由之故），而不但反对暴行而止。所谓政府者，乃由"奥陀利替"建筑而成，纵无军备、关税，而既名政府，必有政府之性质与作用，无论如何改良，如何缩小权限，然必认为法定的机关，必以法律或章程规定管理者之权限，管理者对于被管理者必有行使之职权，人民对于此机关必有应负之义务，且必受此机关之规则所制裁。有一于此，即所谓"奥陀利替"，即所谓强权，即为妨害完全自由之障碍物，凡无政府党，无论属于何派，无不绝对排斥之者也。江氏乃以为无强权，则其误解可知矣。

江氏又以政府比公司之经理，学校之教师，不知公司之经理即为公司之首领，凡首领必有规定之首领权，且与其他职员各分阶级，尤为显而易见之强权。江氏引喻及此，足以证明其所为机关，确为强权的机关。（至学校为教授学业之地，而非处理事务之机关，以比政府，更为拟不于伦。且即就学校，其管理员、教员皆有特定之权力，对于生徒能施以种种命令、制裁及罚规，是亦奥陀利替之一种。）江氏既是认强权的机关，则其根本思想既与无政府主义相乖舛，而所谓"不赞同无政府党之否认机关"者，质言之实不赞同无政府党之否认政府耳。江氏只否认有军备、有关税之政府，而是认办理实业教育之政府，无政府党则否认一切政府（即凡含有奥陀利替的机关），是无怪其格格不入不肯赞同矣。然则江氏心目中之所谓无政府，不过裁撤海军部、陆军部及税务处，而留教育部与农工商部耳。所谓无政府之正解如是如是，此其所以为江亢虎之无政府主义也。吾乃约为简明之语以告读者曰：

（一）江氏之所谓"不赞同无政府党采用强权"，实则"不赞同无政府党采用激烈手段（或武力）"。然不曰激烈手段，（或武力）而必目之曰强权，则未免与当世之资本家及绅士常诋无政府党为暴徒者，同一声口矣。

（二）江氏之所谓"不赞同无政府党否认机关"，实则"不赞同无政府党否认政府（即强权的机关）"。无政府党主张完全自由，排斥一切政府，实为无政府主义之根本思想。今江氏不赞同，质言之即不赞同无政府主义。

《民声》第 17 号、18 号，1914 年 7 月 4 日、
11 日

亦见《师复文存》

答无吾
（1914 年 7 月 4 日）

　　此次欧洲之野蛮大战，各国社会党与无政府党之机关报，无不竭力持反对之论，各处之党人，示威运动反对开战者，尤所在皆是。至于反对无效，则固非党人之咎，且亦明知其未必有效，特表示反对之态度，以见真理之未灭于天壤，且以促进一般平民之醒悟而已。一言以蔽之，政府者，司战之魔鬼而和平之大敌也，政府不灭，世界必无和平之日，吾人欲不见此种兽行之战争，于"无政府"求之可也。

　　至询记者对于此次战事之观察，则窃以为无论何国胜败，亦无论战期久暂，战事完了之后，世界平民之痛苦必较前倍蓰，政府之罪恶愈显，经济之冲突愈烈，欧洲大陆必将起一度之社会大革命，此则可为预料者也。

《民声》第 17 号，1914 年 7 月 4 日
亦见《师复文存》

三答崇任
（1914 年 7 月 4 日）

来书复列三问题：

（一）否认无政府共产主义简称曰无政府主义。答曰：所谓"吾人主张无政府共产主义简称则曰无政府主义"一语，其意义经解释于以前各号，意谓"吾人主张无政府共产主义，简单言之亦可曰主张无政府主义"，犹之吾人主张共产社会主义，简单言之亦可曰主张社会主义耳。既经解释，误会当可免。今来书仍以为不可，则直如来书之意，改简称为浑言可也。

（二）否认无政府主义能兼赅社会主义。答曰：来书之意，以为无政府主义只有废除私产之意，而无财产公有之主张，故谓无政府主义不能兼赅社会主义。不知废除私产，即为财产公有，如二五之与一十耳。社会主义亦可谓废除私产之主义（当世学者如此解释者甚多），无政府主义亦未尝不主张财产公有，并非社会主义乃主张财产公有，而无政府主义则只主张废除私产也。来书既谓无政府主义有废除私产之意，是即能兼赅社会主义矣。

（三）否认无政府主义为一公名。答曰：无政府主义中有种种之派别，经略举于前次答书，且所举不过为最简单之分派，据当世学者各以其所见分列种种派别，尚不止此，实难殚述。无政府主义中既有种种派别，则"无政府主义"自然为一公共之名词。今来书之意，以为"克鲁泡特金由无政府主义进而主张无政府共产主义，因之不认无政府共产主义为无政府主义之一派，且因之不认无政府主义为一种公名"。余按克氏学说，始终皆主张无政府共产主义，绝无由无政府主义进而主张无政府共产主义之说，来书不知何所据而云耳。来书又引本报第五号所言"无政府党所主张者为共产主义，而集产则社会民主党所主张，独产则独产党所主张，二者皆无政府党所不取者也"数语，以为无政府主义非一种公名之证。不知第五号之文，主旨在正名而不在分辨学派。凡分辨学派，只当胪列派别，而不必参以己之主张。若所谓正名者，则本一己之主张而为之正其名义，记者既主张无政府共产主义，则独产与集产，均所否认，一如克氏之意见，以为无政府党必主张共产。（克氏尝曰：无政府党对于社会主义则主张共产，对于政治组织则主张废绝政府。其去年致法兰西无政府党大会书，亦曰无政府党同时必为共产党，独产党若必坚守其单独思想必不能谓无政府党。）彼文所谓集产、独产，均无政府党所不取，即谓此也。然此特以一己意见所下之断语，若论列学派，则自有普通派别，不能一笔抹杀之也。（犹之共产主义家往往谓集产主义为伪社会主义非社会主义，然论列学派则集产必为社会主义之一派。）

以上三问题之答解，倘能满足下之意，则其余来书中种种支节之辩难，皆可涣然冰释矣。

答蔡雄飞
（1914 年 7 月 11 日、18 日）

（一）问：无政府之实行，各国间必有先后，其先实行者难免受他国之干涉否？答：将来无政府之革命，其为一国先举，抑为数国合举，今日尚难预测。然其起事最先者必在欧洲，且必为现在之所谓强国，此则可断言者。以今日无政府主义之传播，最广而最速者，实不出乎所谓数强国也。欧洲壤地接近，党人之声气素通，一旦有事，或一国已革命，则欧洲诸国必同时接踵而起，各国政府方自顾不暇，安得有所谓干涉？即使有之，无政府党能抗本国之政府者，独不能抗外来之政府乎？欧洲既纷纷革命，列强次第倒毙，则美洲、亚洲诸国亦必相继而起。此时情景，可不必征诸远，但观前年中国之革命，各省皆闻风宣布独立，即将来无政府革命之小影也。故今日最要者莫如竭力传播吾人之思想，待人民具此思想者日多，一旦时机既熟，有响必应，沛然莫之能御也。

（二）问：中国改革政治之人物，皆主张国家社会主义，将来无政府共产主义之实行，彼等难保其不阻碍否？答：中国今日所谓改革政治之人物，大抵迷信国家主义之政客，尚未足以语国家社会主义也。要之无论其为国家主义，或国家社会主义，均为无政府之障碍，吾人欲实现吾主义，一方面与政府战，又一方面当与此种谬说战，必先战胜此种谬说，然后吾主义能得平民多数之赞同，然后人民能推翻政府，然后吾主义能实现。故无政府共产主义实行时，已无所谓阻碍矣。

（三）问：中国人民程度尚浅，共和尚不知为何物，何有于无政府共产主义，若遽以军队革命实行此主义，社会上能免种种纷扰乎？答：无政府之革命，乃平民革命，而非英雄革命也。英雄革命，可以三数英雄驱遣党徒运动军队而为之，与大多数平民无与也。（从前一切政治革命多属如此。）若平民革命，则必由于平民之自觉，以平民自己之实力行之，断非但使用手段运动军人仓卒起事所能成功者。故吾党第一级最重要之工夫，即为"平民传播"，要求平民多数之赞成。所谓平民者，除政府、资本家外皆是也。言平民则军队亦自在其中，（近世各国者皆行征兵制度，中国不久亦必效颦，凡平民皆不免经过数年兵役之苦难，而入伍之前，退伍之后终平民也。）故将来传播成熟，平民大革命起，军队亦必倒戈而向政府，此时惟有平民革命之大义，不复有所谓军队革命之特别名称矣。然平民革命，须俟传播成熟，闻者必疑其难。不知天下事无所谓难，惟自畏其难，斯易者亦难矣。欧洲二三十年前无政府主义传播之艰难，与今日之中国等。然党人不畏其难，前仆后继，百折不挠，至今日则妇人孺子皆知有所谓无政府党，有所谓无政府主义，虽尚未至"多数赞成"之境，然而相去不远矣。今中国之传播，既得欧洲诸先进之成法，以为前事之师，已觉事半功倍。况近日世界风潮汹涌澎湃，为历史以来所未有，其力足以震撼一切进化之障碍。中国虽僻处远东，然直接间接终不能不被其影响，故传播之成效，比之欧洲二三十年前，自当迅速数倍。吾人倘能群策群力，坚忍前进，各相时势之所宜，利用种种手段（或文字鼓吹，或教育补助，或激烈行动）以为传播，吾敢谓难之一字，当消灭于吾党之传播史中也。

（四）问：中国第三次革命之机熟时，即别竖一帜，实行此主义，各国同志能响应乎？答：中国第三次革命，充其量不过军队革命，然非所云平民革命也。凡平民革命之机会未熟，而欲遽达至无政府，必无由成功，观法兰西一八七一年三月十八日之役，其往事矣。（参观本报十四号《巴黎之自由市府》）然则传播未熟之时，必不可起激烈之风潮乎？曰不然，激烈行动，亦为一种最良之传播方法，如罢工、罢市、暴动、暗杀等，苟有合宜之机遇，随在可以行之，三数日之风潮，能胜于千万册书报之散布，特仍须恃吾人自己之实力以为活动，万不可使用不正当之手段（金钱、权位），运动少数军队或无赖仓卒起事，徒足贻吾党之笑柄也。至问各国响应云云，在吾人之意以为将来世界革命之起点必在欧洲，以彼中数国传播极广，革命之时机已渐渐成熟故也。然则吾党在中国之工夫，即预备为欧洲响应之实力是矣。若不从事实力之准标，而欲于政治革命中，以少数人虚揭无政府之名，侥幸欧洲党人之响应，此则所谓贫子说金者耳。

（五）问：各国政府乘中国之危，屡行其蚕食手段，而各国同志，竟任各国之政府横行，不加阻止，其故可得闻欤？答：各国同志对于各国政府之蚕食中国，无不发指眦裂，吾党各国之机关报，时时攻揭其非，不遗余力，又有反对军国主义之运动以杀其势，此皆口舌上、手腕上之阻止也。至言根本救治，则当言灭除，而不但阻止。如何方可灭除，即运动无政府革命是也。此种革命，固无时不在运动之中，特时机未熟，未如之何耳。须知所谓蚕食手段者，在政府之口中，则有种种美名，曰帝国主义，曰殖民政策，曰……当其蚕食中国时，中国人深恶而痛绝之，然各国之政府则以为最正当之手段，最光荣之主义也，即中国若一旦达至所谓强国之地位，其蚕食他国，亦必与今日各国之政府无异。此时中国之爱国主义家，或将锡以嘉名，而忘其为蚕食手段矣。然则蚕食手段，实可谓为政府最大之事业，亦为政府唯一之义务。必能行蚕食手段者，方谓之"强有力之政府"，方谓之"国利民福"，方谓之"国家光荣"。是蚕食手段与政府实为须臾不可离之物。苟一日有政府，即一日不能免蚕食手段之横行，空言阻止，胡能有济？是故根本之救治，舍无政府革命外别无他道也。吾人不忍中国之被蚕食，则勇猛前进，与各国同志携手而促无政府革命之成功可矣。

《民声》第 18 号、19 号，1914 年 7 月 11 日、18 日

亦见《师复文存》

无政府共产党之目的与手段
（1914 年 7 月 18 日）

何为无政府共产党乎？无政府共产党之目的果何在乎？试以简明之语条述之：

（一）一切生产要件——如田地、矿山、工厂、耕具、器械等等——悉数取还，归之社会公有，废绝财产私有权，同时废去钱币。

（二）一切生产要件，均为社会公物，惟生产家得自由取用之。（例如耕者自由使用田地及耕具，而不必如今日之纳租于地主或受雇于耕主，工业者自由使用工厂之机器原料以制造物品，而不必如今日之受雇于厂主。）

（三）无资本家与劳动家之阶级，人人当从事于劳动（如耕织、建筑、交通、教育、医药、保育以及其他等等，凡人类正当生活所应有之事业，皆为劳动。）惟各视其性之所近，与力之所能，自由工作而无强迫与限制。

（四）劳动所得之结果——如食物、衣服、房屋以及一切用品——亦均为社会公物，人人皆得自由取用之。一切幸福人人皆得共同享受之。

（五）无一切政府（无论中央政府或地方政府），凡为统治制度之机关，悉废绝之。

（六）无军队警察与监狱。

（七）无一切法律规条。

（八）自由组织种种公会，以改良各种工作，及整理各种生产以供给于众人。（例如长于农事者可联合同志组织农会，长于矿业者可组织矿会。）公会之组织，由单纯以至复杂。惟组织某种公会者，即为某种公会之劳动者，而非首领，非职员。任此者亦视劳动之一种，而无管理他人之权。会中亦无章程规则以限制人之自由。

（九）废婚姻制度，男女自由结合。产育者由公共产育院调理之。所生子女受公共养育院之保养。

（十）儿童满六岁以至二十或二十五岁，皆入学校教育。无论男女，皆当得最高等之学问。

（十一）无论男女，由学校毕业至四十五或五十岁，从事于劳动。此后修养于公共养老院。凡人有废疾及患病者，由公共病院调治之。

（十二）废去一切宗教及一切信条。道德上人人自由，无所谓义务与制裁，使"互助"之天然道德，得自由发达至于圆满。

（十三）每人每日劳动时间，大约由二小时最多至四小时。其余时日，自由研究科学，以助社会之进化，及游息于美术技艺，以助个人体力脑力之发达。

（十四）学校教育采用适宜之万国公语，以渐废去各国不同之语言文字，而远近东西全无界限。

以上即无政府共产主义之最终目的也。欲达此种目的，当用以下之手段。

（一）用报章书册演说学校等，传播吾人主义于一般平民，务使多数人晓然于吾人主义之光明，学理之圆满，以及将来组织之完善，及使知劳动为人生之天职，互助为本来之良德。

（二）当传播时期中，各视其时势，与地方情形，可兼用两种手段：1. 抵抗——如抗税、抗兵役、罢工、罢市等；2. 扰动——如暗杀、暴动等。此两种手段，既所以反抗强权，伸张公理，亦所以激动风潮，遍传遐迩，无异迅速有力之传播。

（三）平民大革命，即传播成熟，众人起事，推翻政府及资本家，而改造正当之社会也。

（四）平民大革命，即世界大革命，故吾党万国联合，而不区区为一国说法。现在传播时代，各同志各就其地位之所宜与能力之所及，从事于（一）（二）两种方法，将来时机既熟，世界大革命当以欧洲为起点，如法、德、英、西班牙、意大利、俄罗斯等国，均已传播极广，一旦起事，或数国合举，或一国先举，其余诸国必皆闻风响应。工党罢工，军队倒戈，欧洲政府将次第倒毙，吾党之在南北美及亚洲者，亦当接踵而起。其成功之迅速，必有不可思议者。若就今日中国言，则最要者莫如急起直追，致力于传播。庶免一旦欧洲有事，而东方传播尚未成熟，反足为世界进化之大梗也。

以上又即吾党用以达吾人目的之手段也。

抑时人对于吾党主义，往往多所疑虑者，无非以为"难行"而已。或则疑今日人类之道德不齐，一旦无政府，必有种种纷扰，及规避劳动，任意夺取需要品之流弊；或又疑大地人类众多，传播势难普及，各国政府之强权，终非少数之无政府党所能敌。此两种疑虑，大抵为今日一般人所通具者，今当有以解释之。

1. 吾人已言，欲实现无政府共产之社会，须先传播吾人主义，要求平民多数之赞成。倘多数人晓然于此主义之美善，则少数人之未明晓者，感之固自易易。曾何患其纷扰？况无政府之人民，非必具有若何高深难行之道德。无政府之道德不外"劳动"、"互助"而已，二者皆人类之本能，非由外烁。但使社会改善，生活之状态日趋于适，此种天然之美德，必能自由发展。且彼时之劳动，乃最愉快之事，非如今日之苦恼者也。科学发明，复无金钱之束缚，凡事皆可使用机器，无论何种工作，必求其轻捷省时，合于卫生。故每日数小时之工作，无异于体操游艺，人亦何乐而避之？夫既有机器之迅速，加以作工者之众多，生产之丰富，当不可思议。需要品惟有过多，无虞不足。又何所用其夺取？倘仍有冥顽强暴之人，必欲他人为之服役，而已则饱食安坐者，吾人当本反抗强权之大义，摈之社会之外，彼少数人岂能为患哉？

2. 凡事不合天然之公理者，其传播难。合于天然公理者，其传播自易。今无政府共产主义实人人良心上所同具之公理，其传播又岂极难，但视吾人之毅力何如耳。试观欧洲无政府主义之出世，不过六十余年，党人从事运动传播者，不过四十余年耳。然今日欧洲各国已异常发达，近十年间，其进步更有一日千里之势。无政府之团体，遍布各地，无政府之书报，汗牛充栋。在中国人闻而咋舌者，在欧洲则已视为老生常谈。今年万国无政府党大会于伦敦，已预订有万国联合机关之组织。万国革命之实行，且将不远。尤可喜者，欧洲社会，除资本家外，即是工人。今日之工党，脑中皆已深印社会主义、无政府主义之义理，观近年工党之活动，即为无政府实行之朕兆。政府所恃者不外军队，而各国皆行征兵制度，当兵者亦无非平时之工党。故在数年前，已常有政府调（共）禁压罢工，而军人均不肯从命，甚或倒戈相向者，盖不肯为政府以攻其兄弟朋友也。然则将来一旦大革命起，军人亦将反抗政府，此实可断言者。彼食肉之政府与资本家，何足惧哉？若就中国今日情形论之，此主义之传播，诚不若欧洲之广，然吾东亚同志，苟能群策群力，牺牲二十年之时光，竭力从事于传播，吾敢决吾主义行将遍布东亚大陆。此时欧洲之进步，当更不可思议。实行之时期，必为吾人所亲见，慎勿视为不可实现之理想也。

鸣呼，欧洲战云，弥漫天地，以亿兆人之生命，为彼富贵者之牺牲，政府之罪恶，至是而完全揭露矣！战事完结之日，即为宣布政府资本家死刑之日。无政府风潮，必将汹涌而起。愿吾东亚平民，急从好梦中醒觉，奋步疾追，幸勿瞠乎落后也。

《民声》第 19 号，1914 年 7 月 18 日

亦见《师复文存》

答恨苍
（1914 年 7 月 25 日）

来书曰：予每与友人讨论吾人进行之方法，多数皆主张渐进，而否认急进；非反对急进派之学说，不过以为渐进（即改良派）则手段和平，而措施不尚急迫，及成功时，人人皆能深悉无政府之旨趣，而于无政府社会中之种种布置，必较易为力。若急进（即革命派）则手段激烈，措施尚急迫，大有以最短期限达到无政府目的之心理，深恐一般人民，于此短期内，不能普及无政府智识，及增进其个人道德，至成功时，不免有布置艰难，甚至大有窒碍（如惰者不肯工作，但取所需或避重就轻之弊），故不若舍彼就此之为愈。以予愚昧，对于上述，亦不能定取舍之途，愿有以教之。又《民声》文字太深，倘能演为白话浅文，以期普通人之能晓，则尤善也。

按时人往往误会"急进"二字之意义，以为"欲以最短期间达到无政府"，此欲不然。吾人之所谓急进者，质言之即激烈行动之代名词耳。激烈行动之作用，一方面为反抗强权，伸张公理，一方面为鼓动风潮，迅速传播，其用意则无非欲使多数人明白无政府之真理，赞成无政府之组织也。浅而譬之，中国革命之迅速，人人皆归功于广州黄花岗之一役，及迭次之暗杀案，此即所谓激烈行动。自此之后，从前之反对革命者，亦不期而附和革命矣。可见激烈行动之效果，真有胜于十万书册之散布者。无政府之革命亦然。若徒藉口舌笔墨之鼓吹，而欲达吾目的，真不知至何年何月，且敢决其无由达到。故吾人于口舌笔墨之外，不能不更以激烈行动助之，如罢工、暴动、暗杀等等（暴动在欧文为 Insur-rection，并非不美之名，去意犹云突然而起之激烈举动耳。黄花岗之役亦是也），皆可视为传播之一种方法者也。然吾人主张激烈行动，并非遂舍口舌笔墨而不用也。或印刷物，或演说，或教育，或戏剧以及其他种种，皆为由今日以达至无政府之传播期中不可一日或息之事业。激烈行动则行之于一时，遇有可用之机会乃始为之耳。且中国目前之情势，此等机会似尚未至，故吾人于现在最近之时期，当先致力于口舌笔墨之传播，俟吾人之思想渐渐发达，然后再谋激烈举动以助其进步，似尚未晚也。

更有当注意者，无论如何急进，凡欲无政府之成功，必须无政府之思想普及于大多数，此为不易之事理，特用急进方法，则思想之普及较速耳。来书所谓"急进恐不能普及无政府智识及增进个人道德"，此实不然。所谓无政府智识，不过如吾所谓无政府思想，而急进则传播思想之最良方法也。至个人道德，在无政府共产主义之根本论据，以为必社会改良然后个人道德可以改良，与"个人无政府主义"之学说（即都克氏所倡导），适成极端之反对。（个人主义以为，必先改良个人然后可以改良社会。）个人主义之哲理，与共产主义比较，孰长孰短，今不暇详论。然试以最浅而易见者言之，如欲人之不争夺，必须衣食丰裕，衣食既丰裕，自然无所用其争夺；欲人之亲爱互助，必须生活共同，利害共同，否则各怀个人主义，人人各为其私，爱他之念又从何而生？又如人之偷惰，乃由于雇佣制度职业不自由所致，终日为他人服役，焉得而不惰？若人皆劳动，劳动之结果，即为自己之利益，自无虑其偷惰，而反足以生奋勉之心。（今人无论何种职业，无非为强权者服役，而与己无关。又择业但求多得薪金，而未必己心之所欲与性之所近，又服役时间太长，为卫生上直接之苦恼。皆所谓职业不自由，皆为令人懒惰之原因。余尝为某学校教师，无权参与全校之改良，徒为上堂领薪之教员，形同佣役，因之教授亦苟且塞责，及自办学校，虽无一文之修金，而教授异常热心。又尝为报馆记者，每日勉强草成若干字，付之手民，即出为闲游，且觉其苦。今编辑《民声》，每日执笔十小时以上。反不以为苦而以为乐。于此足见职业之自由不自由与个人勤惰之关系。）凡此皆须共产实行，然后可望实现者也。个人主义之根本论据，远不及共产主义之精确，即在于此。吾人亦研究已熟，乃决主张共产主义。然则吾人今日之预备工夫，惟在使多数平民知无政府组织之美善，知无政府道德之自由（劳动与互助）足矣。若欲人人于有政府之世先具无政府之道德，此可决其不能，且亦不必也。

来书又谓："急进则……至成功时不免有布置艰难，甚至大有窒碍如惰者不肯工作但取所需或避重就轻之弊，此亦无足虑。"无政府之成功，必由于平民革命，即大多数平民赞成无政府乃起而革命之谓也。而所以能得多数人之赞成，则由于吾人用口舌笔墨之传播，复从中助以急进之方法，乃能得此。急进方法，其用意亦无非在要求多数之赞成。并非用急进方法，即不顾平民之赞成与否，而徒以少数无政府党仓卒起事，便以命令颁布无政府之谓也。然则所谓成功，必由于平民自己之革命，以平民自己之革命，布置又何至艰难？窒碍更无庸论矣。至所虑不肯作工，避重就轻云云，吾前已屡屡辩之。如《无政府浅说》、《答李进雄》、《答飘飘》以及散见其他各论者，均已解释颇详，请参观之。

来书又指渐进为改良派急进为革命派，以微有误会。渐进急进，本无一定之界说，第吾人所论之急进，实指激烈之举动。若改良革命云云，则别有解释。改良者即变法之谓，不彻底推翻现社会之组织，而以变法之手段从渐改良之。革命则主张以实力推翻现社会之组织也。浅而譬之，保皇党之变法立宪，谓之改良；革命党之颠覆帝政改建共和，谓之革命。又社会民主党欲借议会之力实行社会主义，是为改良派；社会革命党（法国此党甚盛，其目的则仍不外集产）不藉力于议会，而欲以革命手段实现社会主义，是为革命派。今吾人之无政府主义，实即革命主义，断无改良变法可以达到之理。故近世之无政府党主张革命者盖十之九也。但主张革命之中，仍有和平与激烈之两种方法。文字教育之鼓吹，所谓和平；暴动暗杀，所谓激烈。和平方法用之于常日，激烈方法用之于一时，各视乎一己能力之所及，与乎地方时势之所宜，取其适者而用之可矣。

来书又谓本报文字太深，宜兼用白话或浅文，以期一般人之了解。此说极是。但本报之用意，原为通晓文字者而设，冀于阅者之中，得多数研究有得之人，以助吾人之传播。今日同志寥寥，以极少数之人，置之地积极广之中国，欲期思想普及，岂不大难。然则养成多数之传播家，实为今日惟一之要务。故吾人第一期望多数人游学欧洲，或研究西文，直接阅读无政府书报。然力能游学及通西文者无多，而华文书籍关于此主义者，又绝无而仅有，虽或有志研究而无从，故本报所最注意者，为介绍名家学说，解释一般疑问，及报告世界之社会运动，其用意则无非欲供无政府传播家之研究品而已。其他普通鼓吹，尚须多刊白话通俗报或画报，惜为财力精神所限，一时未能急就耳。

答悟尘
（1914 年 7 月 25 日）

（来书）近来对吾主义进行之意见如下：

一劳动者简易识字塾之组织。欧美各国，强迫教育已行，人人皆得受初等之教育，读书阅报，无甚困难，故主义之传播较易。中国则文字既繁难，贫者复绝不能得丝毫之教育，全国之中，不识字者占最多数。数千年来，举国人民，竟为一二腐儒操纵而左右之，发号施令，令愚者盲从，真理公道，未由表见，故欲公理发挥，必使一般劳动者能自觉悟，由真理判断双方之利害而后可。以是之故，平民教育，实为首要。吾党处此困苦颠连之境遇，建立学校，虽非易事，然有一最善而易举者，莫如劳动简易识字塾，其用费甚简，于劳动工毕之暇，使其自由入塾，为之讲解单字，由简入繁，以期其能直接阅浅近之书报为目的。

本报按：教育为社会进化之原动，亦为吾人传播之良法，故吾人于此，所当注意者有二：一为科学教育。（所谓科学乃真理的科学，而政治、法律、军事等无用之学不与焉。）世界之进化，与人类之幸福，胥于科学是赖，顾中国今日学术之幼稚，欲使科学教育发达，非得多数人留学欧美不可，故鼓吹留学，养成多数他日改造社会之工匠，实为教育上之根本大计。李君真民近日颇专意于留法俭学会之经营，其意即在此也。二为平民教育。平民教育对于国家教育而言，政府所经营之教育，无论如何，只能得皮相之教育，而决无精神之可言，甚或足为真理之障碍。（即如提倡宗教、宗法、爱国主义、军国主义等是。）故私立之平民学校最为要务，即来书所谓简易识字塾，亦属此意。顾记者以为当名平民学校，或平民学塾，而不宜曰简易识字塾，盖此种学校，其目的不仅在识字而已也。欧洲平民学校之办法，除教授浅易实用之科学外，尤注重于演讲、戏剧、歌曲等，一方面与以应用之智识，一方面即以传播吾人主义，对于劳动者精神之教育，全在乎此也。中国同志，苟欲委身于此，亦当注意及之。尤当相地方情形之不同，而各异其教法。如在都市或商埠宜予以制造厂工人所应具之智识，在乡落则宜予以农业所应具之智识，其他类此。时间则或半日学，或夜学，或星期日学，亦各视其地方情形而异。大抵中国劳动社会中，农人及手工家识字者最少，此两种工人，多在乡落而不在都市，而乡落中经营此种学校，比都市为尤易，以所费更廉，而得校地亦不难故也。此种事业，吾同志随在皆可为之，其事易举，其功极大，慎勿以为无用而忽之。又南洋美洲华工所集之地，凡旅外之同志，亦宜留意于此也。

（来书）一劳动白话报之组织。资本制度之害，直接受其痛苦而占势最大者，莫如劳动家。吾党对应于劳动家之传布方法，第一劳动者之教育，第二白话报之组织。所以开通其智识，而启其反抗强权之决心。彼劳动家终日劳动，秉具朴素诚厚之天性，一闻新社会之组织，未有不乐从而欢贺者也。故悟主张鼓吹之事，应注全力于劳动界。若于一般人中传布之，用心虽苦，而终难得一二真同志殷殷以主义为己任也。以彼等正孜孜于吾党反对之事中而讨生活耳。是以有力能多刊白话报，输入一般劳动家，较发刊高深之学理报为要也。

本报按：共产主义、无政府主义，质言之实即劳动阶级与富贵阶级战斗之主义。故吾人传播事业，自然不能出乎劳动阶级之范围，断无向敌人方面（富贵阶级）而希望传播者也。所谓富贵阶级与劳动阶级之辨别，虽若甚难，然有一最显而易见之点，即凡不劳动而亦能生活者，谓之富贵阶级，申言之则地主、商业家、工厂主、官吏、议员、政客，以及其他等等是也。凡必赖劳动而后能生活者，谓之劳动阶级，申言之则农人、手工家、工厂工人、苦力、雇役，以及其他等等是也。凡家无恒产之教师、医生、工程师等亦属此类。对于前者，吾人不但不必希望传播，且当亟谋所以颠覆之；对于后者，则因其人之智识程度各有不同，吾人之传播方法亦当因之而异。就以报章论，对于通文字及稍有教育者，不妨用文言以达较高之学理，对于未通文字者，当用白话或浅文专论寻常社会所亲见之事实与道理是也。然劳动社会中，不通文字者实占最多数，故论普通之传播，当以白话浅文为最要，记者亦久已有意于此，特以种种困难，一时未能成就，然固无日不有此事盘旋于脑中，且甚望各地同志之匡我不逮也。除此之外，尚有数法极利于传播者。（专就报章论，）一为普通之日报，不必标明吾人宗旨，但每日载入一二段关于吾人主义之记事或评论或小说，使阅者于不知不觉之中，浸润真理，必有一旦领悟之日，其功实足与机关报相敌，因机关报固非一般人所爱阅也。二为画报，三为小说报，此二者皆借美术文学之趣味，引人入胜，对于向未受吾人感化之人，其收效视机关报为尤胜。四为科学报，无政府主义实为科学之一种，近世最进步之科学，无一不与吾人主义互相发明，故借科学以潜输吾人思想于研究学问之人，及学校之教师与学生，亦比机关报为易入也。总之，传播方法，千万门类，不可殚述。惜记者个人精神财力均已受不可伸展之限制，故卒未由实行其一二，是不得不望各地同志，各就力之所能与势之所宜，人人各任其一分，则传播之途，或能以渐开辟，而不至为最狭之范围所限矣。

（来书）一无政府试行地之组织。今之反对我主义者，多谓吾党乃空想而不易实行也，故在今之世，非有一试行地之组织，不足以启世人之迷，是不得不以集资购地为入手之办法也。

本报按：试验地之举，倘能办到，固亦甚佳，然其中种种困难，不可殚述。况处现政府之下，吾人在内地者，一言一动，尚须秘密，遑论所谓试验地乎？

（来书）再，女子性质，似胜于男子，故传播吾主义，以女子为尤宜，在儿童之教育，亦有最大之效力也。

本报按：男女性质，各有所长短，女子性质胜于男子之说，今姑可以不论，但女子同为平等之人类，其地位与男子相等，故吾人论事，无论对于何种社会，均统男女而言，不应置女子于例外。（即如上文所论之劳动家，亦统男女言之。）且儿童教育，于母教为尤接近，则今日为传播吾人主义计，自当同时注意于女子，更无疑义，因之女子教育，亦不可忽。（昔日鸭笑君尝来书主张女子教育，今附答于此。）惟吾人所当知者今日之女学，其入学者大抵富贵社会之女子占最多数耳，于劳动阶级无与也。故苟经营女子教育，当以平民女学为急，即上文所论对于劳动家之平民学校之一种也。

《民声》第 20 号，1914 年 7 月 25 日

亦见《师复文存》

答乐无
(1914 年 7 月 25 日)

（一）万国无政府党大会通告书中之"召集"二字，不过译者之随宜使用，其意犹云招请同志来会耳，并非如法律条文上之所谓"召集权"也。此次大会，由德国同志发起，经英法同志之赞成，于是定期开会，盖吾党之在此三国者为最多，又皆已设有固定之交通机关（即联合会），声气极为直接，互商极为便利，故由此三处同意发起之。并非法律规定此三国之党人有权召集开会也。以事实论，五洲各国之党人及团体，散处四方，即欲发函互商，亦势难遍及，若必全世界之无政府党人一一皆互商妥协，然后开会，窃恐地老天荒，亦无开会之日，然则任由一二处最多数同志所聚集之团体，便宜协议，定期开会，实为事实上不得不然者也。至谓与各个人完全自由之宗旨相戾，则不必虑，盖发通告者不过招人赴会，并未尝迫人必须赴会，各个人既有赴会不赴会之自由，又非规定某人有召集之权，于自由之旨何尝违戾乎？来书又以通告书中有君等之字样为不当。愚意亦以为于理无碍，盖此次通告之署名者为德法英三联合会之书记，所谓为吾等，即署名者之自称，所谓君等，即对于所通告之人之称。（君等二字，在西文为汝等，非特别之尊称也。）既有通告，即不能免此等字样，亦事实上所必然者也。

（附言）德法英无政府党之联合会，不知者或疑其尚有国界。此实不然。盖语言文字上之关系耳。法国联合会之原名为 Federation Communiste Anarchiste Revolutionnaire de Langu Francaise，译即"法语革命无政府共产党联合会"，所谓法语，即用法语之人。（除法国外，尚有比利时、瑞士及德国之一部亦用法语即其他各国之通法语者亦在内。）所谓联合会，即联合各地之小团体而设一中心的通信机关也，其他德英等国亦类此。其以同一语言文字为范围者，不过为传播上交通上之便利，非国界亦非种界也。今次大会有万国交通机关之提议，则又为世界的联合会矣。

（二）来书又谓"本报第十号所载《平民之钟》，有所谓共产屋者，彼时人类所需用者无非共产，何必特以一屋标名曰共产，又何必于共产屋中置簿籍二，一书所作何工，一书所需何物乎？"云云，按《平民之钟》乃一种小说，近于寓言之体，所谓共产屋者，譬之共产社会也；簿籍二种，譬之各尽所能各取所需之天然大法也；人人皆书于簿上，譬之人人皆实践此原则也。设谕之词，幸勿误为事实，否则共产社会中，有所谓共产屋及如何之簿籍，岂非千古之笑话乎？

（三）关于无政府共产社会之概情，及吾人如何能达此目的，已拟为《无政府共产党之目的与手段》一文，业经刊布，来书所谓传播上不能少者，殆近之乎。

《民声》第 20 号，1914 年 7 月 25 日

亦见《师复文存》

答敖霜
(1914 年 8 月 2 日)

来书谓"世人误会共产主义以为共他人之产，而不知所谓共产者，乃以己之产与人共之也"云云，窃以为二者皆非也。所谓共产主义者，乃本此主义以改进现今之社会，非少数人之单独行为也。共产主义，乃社会问题，而非个人之道德问题也。推翻现社会之私产制度，取回地主资本家所窃据之生产机关，如土地、工厂、机器等，全归之公共，由劳动者自由使用此生产机关，共同劳动以致力于生产，凡所生产，亦全归之公共，若是者谓之共产主义。至语其理由，则以一切生产机关（土地、器械等）皆由数千百年来无量数之人力所垦辟所经营所造成，不应为少数人所占有，故当由地主资本家之手取回以归之公共，是谓取回少数人所夺据之私产与社会全体共之，而非某人之产与某人共之也。至各个人劳动所得之结果（衣食住及用品等），察其由来，亦无一事不须社会之协助，（例如耕者必需乎他人所制成之耕具，制造者必需乎农人所种植之原料等等。）故亦不应据为己有，而当归之公共。凡致力于生产者，皆得自由使用之，是谓以社会全体共同劳动之结果与社会全体共之，亦非取某人之产与某人共之也。是故共产云者，谓取他人之产与我共之者固非，谓以己之产与他人共之者亦非。必曰以全社会之产与全社会共之，其说始可通。若来书所谓以己之产与人共之，此乃朋友通财轻肥与共之义，乃个人道德问题，非"共产主义"之的解也。共产主义必须推翻现社会之组织，非革命不能成功者也。每见世人不明此理者，一闻共产之说辄来相诋曰：子言共产，子之衣曷不解以予我，子之屋曷不迁出以让我乎？此等无择之言，其根本之谬误，即在混社会问题为个人道德问题耳。今来书谓宜先注意共产，然后从事于推倒强权，其误略同。须知不推倒强权，固未由实行共产也。

　　来书又谓同志中有以酒食征逐为共产者，此无异杀人放火而自称仁慈，自非瞽人，断不受其所绐，苟有此者，亦即不能复名为同志，吾人鸣鼓攻之可耳。凡无政府党，牺牲目前之幸乐以图将来者也，牺牲一己之生命以为社会者也。非具此精神者，决不足与言无政府主义，决不能为无政府党。

《民声》第 21 号，1914 年 8 月 2 日

亦见《师复文存》

答规臬
（1914 年 8 月 2 日）

　　来书所述某君疑"共产之世，一切物产，仍当有人管理及分配之，实与今之官吏无异"。不知共产之世，各取所需，一切物品，人人皆可自由取用，故无所谓分配之人。若管理之责，不过保存运输等等，将来当有各种公会以任之。在某种公会任事之人，即为某种工事之劳动者，以劳动之余暇为之，其所事繁剧者，可直视劳动之一种。譬如某人长于农业学问，或熟悉农田之工作，即可自由担任，或由他人推举，以任事于农会，研究农务之改良，调查各处农产之盈缺，保存物产以供给于众，或运输所余以补他地之不足，如此等等职务，皆社会生活不可缺之事，故任之者可视为劳动之一种，而绝无丝毫管辖命令之意味，亦无丝毫特别之权力，与官吏绝不相同。总之将来无论何事，均属于劳动，而奥梭利替（Authortiy，即法定的权力即强权）则当使之绝迹于社会，此即官吏与非官吏之大异点，亦即无政府之精义也。

　　某君又疑"将来房屋不足，或则茅屋草房，或则高楼广厦，美恶不平将起争端"。不知此亦不必过虑，盖无政府革命之后，资本家之高楼广厦，与乎一切公共建筑，及一切店铺，均当先取以安居今日贫无片瓦之人，不足则分居于室有余地之家，（譬如某屋本可居十人者只居五人，则益以五人与之同居。）又不足则用简便建筑法（如木屋之类）即日营进，务使今日之无屋者均得安居，其已有住屋者，则暂仍其旧，而不复纳房租。此为革命初起时最要之务，大局一定，即调查人口，择旷爽之地，兴建公共房屋，以适合卫生为度，成，则移现在屈居于湫屋破庐中者先往居之，而悉毁其旧居，以为他用。如是以渐更革，二三年间，必可使全社会之人，皆得有适合卫生之居处，而美恶不平之患，可以悉泯矣。在此二三年间，如有因争居优美房屋而致龃龉者，吾辈当以公理晓谕之，强暴者则摈斥之。且其时无政府之真理必已大明，纵有二三未尽明晓者，亦必居最少之数，吾坚忍博爱之无政府党，尽可暂让一步，断不至有若何之争端也。

《民声》第 21 号，1914 年 8 月 2 日

亦见《师复文存》

答微觉
(1914 年 8 月 2 日)

问男女交合，固宜恋爱自由，惟同血统者于传种必有妨害，既无父母子女兄弟姊妹之名分，则互不相知，血统相交之害，将何以免之？答：将来共产实行，家族制度废除，父母子女兄弟姊妹之名分，自然不复存在。惟以理想测之，将来之公共养育院中，必立详晰之簿籍，如某儿为某人所生，皆有纪载。人欲知其身之所自来，无异指掌，故血统之同异，未必互不相知，而此时科学真理日益昌明，所谓血统者不宜相交之理，人人皆当深晓，而不至自蹈其祸，固不必以空谈之道德妨闲也。（观于现社会，表兄妹结婚，视为正当，兄妹通奸之事，亦不一而足，皆由不明科学真理之故，虽有道德妨闲，亦无能为力也。）

《民声》第 21 号，1914 年 8 月 2 日
亦见《师复文存》

答恨苍
（1914 年 8 月 9 日）

来书略曰：《民声》第十八号《江亢虎之无政府主义》一文，内有"且即就学校言，其管理员、教员皆有特定之权力，对于生徒，能施以种种命令制裁及罚规，是亦奥陀利替之一种"数语，余意以为管理员及教员之特定权力，只属分职，又对于生徒施以命令制裁及罚规，均不外维持求学之秩序，学校组织中万不可缺，安得目以奥陀利替之恶名。答曰：奥陀利替（Autorite）者，法定之权力，凡以法律或章程规定之权力，皆可施以此名，学校教员、管理员有权施命令制裁罚规于学生，明明由法律章程所规定，故即可曰奥陀利替，此物在吾人谓之恶名，而普通之解释，则不特不以为恶，抑且以为合理之权力，即来书所谓维持求学秩序，所谓万不可缺，盖亦视为合理之权力矣。学校之有命令罚规，明明与国家之法律同其性质，彼制定国家法律者，何尝不曰维持社会秩序，何尝不曰万不可缺乎。以学校之命令、制裁、罚规为维持秩序为万不可缺，则国家法律亦当在不可废之列，惟吾人既从种种理论与事实证明法律之当废，则与法律同性质之学校规则，自然亦属无用，此至易明者也。若谓"幼年学生未能自治，故不可不施以命令罚规"，此尤不然。凡未成年之人，在今日凶猛可怖之法律家，亦谓不能适用一般之法律，是现在之陷阱的社会，尚能宽幼年人于法网之外，安有弦歌诵习之地，而独以法网绳幼年学生者乎？儿童脑智未发达，判断是非之力尚未充足，任教授之责者，只当施以劝导与感化，若命令罚规等凶恶之物，不独有背道理，抑断非幼年学生所能任受者也。近世新教育学家已盛倡"自由教育"说，学校之命令、罚规等等，久为有识者所反对，非必无政府党始排斥之也。至本报谓"管理员、教员有特定之权力"，犹云特别规定之权力，即指能施命令、制裁及罚规于学生之权力而言，非指管理员与教育之分职也。

《民声》第 22 号，1914 年 8 月 9 日
亦见《师复文存》

上海漆业罢工风潮感言
（1915 年 5 月 6 日）

　　按：观此次如火如荼之风潮，劳动界之进步，一似有不可思议者。殊不知非也。罢工要求加价之举，各业均常有之，即以上海之漆业、水木业论，十年以来，行此者亦不下数次。此次风潮，亦不过循其庸腐之古方而已，并非于劳动界所处之地位有所觉悟也。故所执以为要求之理由，与夫所用之手段，亦皆最旧之故技，而未尝有所进步。如结队游行时，或手执香火，或肩负神牌，或高提鲁班先师之灯笼。如此等等可笑之举，不一而足。以是之故，社会上一般人均轻视之以为无意识之举动，官吏则指为流氓痞棍所煽惑，故卒未由得良好之结果。考其原因：实由工人智识缺乏之故。工人现在所处之经济地位，实为人类以下之地位，愈贫愈愚，于是工人之智识程度，亦几几乎退至人类以下。凡此实"资本制度"为之贼也。故工人欲增进自己之生活地位，第一须增进工人智识。然方今资本压力重于万钧，欲增进工人之智识，又不能不先有团体。于是本报所竭诚献议于中国一般之劳动家者，不外六字，曰："结团体、求智识。"各行各业之劳动家，皆当独立一团体，名曰某业工团或工会，大略如向来之公所会馆，惟推广而改良之，且绝对不宜与资本家所立之公所会馆同处一地。（向来工人方面，多有为资本家利用两行同一公所者此最受愚之事。）团中费用，由会员每月纳最微之月金。若人数太少之行业，可合二三行或三四行而为一工团。团中最要最急之事，即为平民学校，每行至少设立一所。人数众多者当多设之以为会员及会员之子弟求学之地。教授或以夜半或以星期日，当各相其地方及行业之情形而异（参观《答悟尘书》）。其人数众多会费收入较丰者，可兼出一工人报。复由各分业之工团，联为一工团联合会，或曰总工团，以为全体之交通机关。此城之工团，当与他城之工团时通声气，互相联络。工人之智识既渐渐增进，团结力亦必日见进步。及乎势力既厚，声气宏大，资本制度之死命，将由此工团操之矣。

顾此种进行，有当注意之点三：（一）此种工团之根本目的自然为反抗资本制度，惟今日工人智识幼稚，一时尚难显出此作用，故目前之要图，实在乎多设平民学校。平民学校无论何人皆可举办。惟由工团为之，则其事轻而易举也。迨乎工人之入学者渐众，工人之自觉心发生，然后乃可以与资本家抗斗矣。至于最普通之条件，为今日所可行者，即要求增加工价及减短工作时间是也。二者皆社会革命时机未熟，不得已而思其次之法。工价当就各地方之生活状态得一略优之率，工作时间当以每日不得过八时为限，而星期日休息，尤不可无。此为工团设后可以次第要求者也。（二）工团之组织，吾无政府党及社会党皆当为之鼓吹，且加以赞助，惟仍当以各业之工人自为主体，吾人但予以指导，以养成其独立战争之能力。更当由小而大，由简单而复杂，先从各业作始，然后联络各业而组织总机关，万不可徒骛虚名，苟且立一总工团或工党本部之名目。其实空无一物，徒呼号奔，怂恿各地方，设立支部，此等无实力之团体其收效必不良。且往往为不肖所利用。前年上海之"工党"即坐此弊也。（三）工团之宗旨，当以革命的工团主义为骨髓，而不可含丝毫之政治意味。如英美等国，皆有劳动党加入政界，为政党之一，遂为一般无耻之政客所利用。而各国之工人，亦往往受社会民主党之煽惑，皆以政治思想未能摆脱净尽之故。法国总工会章程第一条曰："本会宗旨，在保护工人道德上、经济上各种权利，此会组织纯立于政治之外，惟恃工人自己之实力，灭除贫富之阶级，不得以工会之名目及势力，协助政治家，而为运动选举者尽力。"不恃政治而惟恃自己实力以灭除贫富阶级，是即用革命手段以反抗资本制度也。是可见革命的工团主义之精神矣。

（1914 年 11 月，病中作）

《民声》第 23 号，1915 年 5 月 6 日

亦见《师复文存》

师复年谱简编

1884 年　出生

1884 年 6 月 27 日，出生于广东香山县石岐镇（今属中山市）。刘家是当地的望族，家境殷实，院内有池塘、桥廊、亭榭等建筑，被称为"水楼刘家"。原名绍彬，字子麟，学名绍元。1904 年赴日留学时更名为思复，1912 年废姓，称师复。

父亲刘鼎垣，字炳常，生于 1864 年，1895 年中秀才。好学能文，以贤明廉洁见称。

1899 年　十五岁

应童子试。

1901 年　十七岁

参加乡试，但落第，开始研读谭嗣同的《仁学》，并设立演说社，宣传社会变革。

与同乡友人郑彼岸在香山县治所石岐镇创立了演说社。由宣传新思想而逐渐走向反满革命。

1904 年　二十岁

与郑彼岸、林君复等经香港赴日本留学。留学期间，与俄、日虚无党人接触，受无政府主义思想影响，向俄国无政府主义者学习制造炸弹的技术。日本著名的无政府主义者幸德秋水主编的《直言报》及其《帝国主义》、《基督抹杀论》、《广长舌》等著作，则给他留下深刻的印象。

1905 年　二十一岁

加入同盟会。同年年底，由日返粤，参加香港《东方报》的编辑
工作。

1906 年　二十二岁

在故乡石岐镇创办"隽德女学"，提倡女子教育，并设立"武峰阅
报社"，用以销售革命报刊及掩护革命活动。

1907 年　二十三岁

年初，革命党人准备在潮惠地区发动武装斗争，因师复曾在日本学
习过制造炸弹的技术，故安排他到广州暗杀清广东水师提督李准。

6 月，师复制造炸弹时不慎失事，身受重伤，在治疗过程中割去了
左手，并遭到警吏的拘捕。审讯过程中，师复为掩盖真相伪造供词，被
李准的幕僚郑荣识破，被判回原籍监禁（地址在今中山市孙中山纪念
堂）。

在狱期间，继续进行革命活动，为《香山旬报》撰写文章，要求思
想解放，宣传民族平等和民族革命，鼓吹反对清廷和立宪派。阅读了无
政府主义刊物《新世纪》，关注无政府主义的传播情况，并与相关无政
府主义人士取得联系，对无政府主义进行了研讨。他曾著《粤语解》一
书，就古今不同的粤语，考究其本源、流变。又著有《狱中笔记》，更
根据狱中的经历，写成《改良监狱议》。

1909 年　二十五岁

逢宣统大赦，经香山各界人士联名禀保，师复于 12 月 10 日获释出
狱。不久即赴香港，致力研究《新世纪》，宣扬无政府主义。

1910 年　二十六岁

2 月中旬，在香港与朱述堂、谢英伯、陈自觉、高剑父、程克等人
聚议组织暗杀团，定名"支那暗杀团"，组织数次暗杀活动。最早成员
为师复、朱述堂、谢英伯、陈自觉、高剑父、程克，后来陈炯明、李熙
斌、梁倚神、丁湘田（师复之女友）、林冠慈（初名林冠戎）、郑彼岸相
继加入，团员共计 12 人，未正式加入而参加活动的，亦有十多人。

1911 年　二十七岁

参与林冠慈炸伤李准事件和李沛基炸死广州将军凤山事件。林冠慈是暗杀团成员，李沛基炸死凤山的炸弹由师复制造。武昌起义后，在广东参与策动民军的活动。革命形势的逆转给师复以很大的刺激，他于1912 年春解散了暗杀团。

1912 年　二十八岁

2 月，和莫纪彭、林直勉、郑彼岸等在杭州白云庵集会，酝酿拟定了"个人进德"的一系列条约。心社的社约，就在此时创议。

4 月，返回广东。

夏，在广州西关宝源路平民公学设世界语夜校，由法国留学归来的许论博传授世界语，借世界语宣传无政府主义。师复认为，"世界大同当以言语统一为先导"。秋，他们在广州东园建立"广州世界语学会"，国际世界语协会委派许论博、师复为驻广州的正、副代理员。短期内发展会员 300 多人。

5 月，在广州西关存善东街八号发起创建了中国第一个无政府主义组织"晦鸣学舍"。晦鸣学舍取"风雨如晦，鸡鸣不已"之意，定位于"平民之机关"。其纲领包括"共产主义；反对军国主义；工团主义；反对宗教主义；反对家族主义；素食主义；语言统一；万国大同"。侧重于对外活动，主要任务是传播无政府主义。

7 月，与莫纪彭等创立"心社"，制定了属于"个人进德"性质的十二条社约，包括不食肉；不饮酒；不吸烟；不乘轿及人力车；不用仆役；不婚姻；不称族姓；不作官吏；不作议员；不入政党；不作海陆军人；不奉宗教。它侧重对内活动，促成社员精神上的一致，主张以道德救世，并身体力行。师复在提出"十二不"中，有"不称族姓"一条。从此之后，刘思复不再称自己的姓氏，改名"师复"。当时有人与他通信，在名字之前冠以姓氏，师复马上去信纠正。

1913 年　二十九岁

创办《晦鸣录》杂志，《晦鸣录》是"民之声"，以"令天下平民生活之幸福"为宗旨。《晦鸣录》出版两期后被广东都督龙济光查禁，师复亡命澳门，《晦鸣录》改名《民声》继续出版。由于葡萄牙当局接受了袁世凯和广东省省长的要求，《民声》出版两期后，再度被禁。《晦鸣录》每期均辟有世界语专栏,《民声》周刊为国内最早的世界语刊,蜚声国际,《世界语第九次万国大会记事》一文为国内对国际世界语大会最早的报道。此后再迁上海印行。世界语为师复无政府主义的宣传和推广起到了非常重要的作用,而师复使世界语在国内的传播也产生积极的影响。

1914 年　三十岁

被迫赴沪。

7 月,在上海发起成立旨在"传播主义,联络同志"的机构——"无政府共产主义同志社",为实行社会革命运动作准备。成立时草拟一宣言,说明无政府主义的意义及无政府党联合的必要,又刊布《无政府共产党之目的与手段》一文。与当时社会主义者江亢虎论战,使无政府主义的种子广布于国内。自《新世纪》发行以后,中国虽然也有怀抱无政府主义思想的人,但是没有国际间的联络。师复编印《民声》以后,在《民声》中特设世界语部,以为言论交通的机关,又和世界各团体对话通讯,交换杂志,讨论问题。

8 月,致书于万国无政府党大会,报告中国无政府主义者传播主义的过去及其进行状况,并向大会提议:(1)组织万国机关;(2)组织东亚的传播;(3)与工团联络;(4)万国总罢工;(5)采用世界语。于是中国的无政府主义者始和世界发生关系。

同月,上海发生漆业工人大罢工的风潮,师复撰《上海漆业罢工风潮感言》,开始把领导工团(工会)的问题提上日程,为后来无政府主义者进行"工人运动"提供理论依据。

1912—1914 年间,师复主持编印了《新世纪丛书》、《无政府主义粹言》和《无政府主义名著丛刊》等,发行量达数万册。这些书刊的主要内容是传播无政府主义,特别是以巴枯宁为代表的无政府工团主义和以克鲁泡特金为代表的无政府共产主义,鼓吹绝对平均的无政府共产主义,提倡绝对自由,反对一切强权,反对一切政治和法律,对此后的无政府主义者产生过很大影响。

1915 年　三十一岁

3 月 27 日,因肺病逝于上海,葬于西湖烟霞洞旁。墓碑祭文全文用世界语雕琢而成,墓表全文如下:师复为人道主义者,又为世界语学者。生平谋炸悍将，厉行革命，被锢三年终而组织东方谋杀团。辛亥以后，舍其单纯破坏，转而为自由社会主义之宣传，创"晦鸣学舍"、"世界语研究会"及"心社"；旋发刊《民声杂志》、淬砺自刻，尽瘁其主义，呕血而死。死年才三十有一，不终其纪。痛哉！君以公元一八八四年六月廿七日生于东亚之广东香山县；以一九一五年三月廿七日殁于上海。同年葬于浙江西湖之烟霞洞，越四年而修其墓，以志不忘！新世纪二十一年一月十日。佩刚作表，思翁书。

中国近代思想家文库

图书在版编目（CIP）数据

中国近代思想家文库. 师复卷/唐仕春编. —北京：中国人民大学出版社，2015.1
ISBN 978-7-300-20462-8

Ⅰ. ①中… Ⅱ. ①唐… Ⅲ. ①思想史-研究-中国-近代②师复（1884～1915）-思想评论 Ⅳ. ①B250.5

中国版本图书馆 CIP 数据核字（2014）第 302892 号

中国近代思想家文库
师复卷
唐仕春　编
Shifu Juan

出版发行	中国人民大学出版社				
社　　址	北京中关村大街 31 号		**邮政编码**	100080	
电　　话	010 - 62511242（总编室）		010 - 62511770（质管部）		
	010 - 82501766（邮购部）		010 - 62514148（门市部）		
	010 - 62515195（发行公司）		010 - 62515275（盗版举报）		
网　　址	http：//www.crup.com.cn				
经　　销	新华书店				
印　　刷	涿州市星河印刷有限公司				
开　　本	720 mm×1000 mm　1/16		**版　　次**	2015 年 1 月第 1 版	
印　　张	13.25 插页 1		**印　　次**	2025 年 1 月第 3 次印刷	
字　　数	208 000		**定　　价**	59.00 元	